Josef Eberle *Poet und Publizist*

Josef Eberle am Ende der vierziger Jahre.

Josef Eberle

Poet und Publizist

Mit Beiträgen von
Karlheinz Geppert
Gerhard W. Baur
Oskar Fehrenbach
Else Goelz
Christa Kroha
Bernhard Fischer
Monika Balzert
Bettina Baronesse von Freytag
gen. Löringhoff

Herausgegeben von der
Stadt Rottenburg am Neckar

Deutsche Verlags-Anstalt
Stuttgart München

Ein Titeldatensatz für diese Publikation ist bei
Der Deutschen Bibliothek erhältlich

© 2001 Deutsche Verlags-Anstalt GmbH, Stuttgart München
Alle Rechte vorbehalten
Lektorat: Ulrich Volz
Typographische Gestaltung: Brigitte Müller
Satz: Bembo (QuarkXPress) im Verlag
Reproduktionen: Die Repro GmbH, Tamm
Druck und Bindearbeiten: Friedrich Pustet, Regensburg
Diese Ausgabe wurde auf chlor- und säurefrei gebleichtem,
alterungsbeständigem Papier gedruckt.
Printed in Germany

ISBN 3-421-05552-1

INHALT

ANHANG

Vor 68 Jahren, im Kriegsjahr 1943, erschien das letzte von der Stadt Rottenburg herausgegebene Buch mit Gedichten von Josef Eberle. Seine Heimatstadt widmete den »Rottenburger Bilderbogen« damals »ihren Soldaten als Gruß der Heimat«. Das Überraschende: Eberle wurde namentlich als Autor aufgeführt, obwohl er unter der NS-Diktatur bereits seit 1936 Schreibverbot hatte.

Im Jahr 2001 gibt die Stadt mit dem vorliegenden Band zum 100. Geburtstag ihres Ehrenbürgers ein Buch *über* Josef Eberle heraus. Die Zeiten haben sich geändert – *tempora mutantur* würde der Lateiner Eberle wohl sagen; der verfemte Autor und zeitweilige Schutzhäftling ist nach 1945 zum gefeierten Verleger, Publizisten und Dichter geworden.

Das Sumelocenna-Museum, das seit seiner Eröffnung 1992 dem Andenken seines Mäzens – »in memoriam Josef Eberle« – gewidmet ist, würdigt ihn hundert Jahre nach seiner Geburt am 8. September 2001 (und 15 Jahre nach seinem Tod) mit einer Jubiläums-Ausstellung. Ihr Titel – »Der Mäcen schwäbischer Dinge« – bezieht sich auf einen Tagebucheintrag von Bundespräsident Theodor Heuss aus dem Jahre 1955, dem sich der Herausgeber der *Stuttgarter Zeitung* besonders verbunden fühlte. Dieser Band kann auch als eine Art Begleitbuch zur Ausstellung und zu der gemeinsamen Vortragsreihe »Josef Eberle, Poet und Publizist« von Sülchgauer Altertumsverein und Stadt Rottenburg am Neckar gelesen und betrachtet werden.

Das Buch orientiert sich an der Biographie und an den wichtigsten Aspekten von Eberles Lebenswerks, der einmal als »Dichterquartett in einer Person« bezeichnet wurde: Mundartdichter Sebastian Blau, Satiriker Peter Squen(t)z, lateinischer Poet Iosephus Apellus und schriftdeutscher Dichter unter seinem bürgerlichen Namen. Zudem veröffentlichte er in jungen Jahren politisch-satirische Gedichte, meist unter dem Pseudonym Tyll; im (Un-)Ruhestand trat der »alte Wang« hinzu. Der Bogen umspannt beinahe das gesamte 20. Jahrhundert: von den Anfängen in einer schwäbisch-katholischen Kleinstadt über die Jahre als liberaler Zeitungsmacher bis hin zu (s)einem »Schwäbischen Herbst«.

Jeder der Autorinnen und Autoren ist Josef Eberle in besonderer Weise verbunden. Oskar Fehrenbach war von 1972 bis 1982 sein Nachfolger als Chefredakteur der *Stuttgarter Zeitung*, in deren Redaktion auch Christa Kroha und Else Goelz arbeiteten. Dr. Bernhard Fischer ist Leiter des Cotta-Archivs (Stiftung der *Stuttgarter Zeitung*) im Deutschen Literaturarchiv Marbach am Neckar. Der Germanist und Mundartforscher Dr. Gerhard W. Baur interviewte Sebastian Blau für den Band »Warum im Dialekt?«. Dr. Monika Balzert ehrte bereits als Studentin den Poeta laureatus aus Anlaß seiner »Dichterkrönung« 1962 bei den Tübinger Altphilologen und übersetzte bei der Ausstellung zum 90. Geburtstag Eberles 1991 dessen Gedichte aus dem Lateinischen. Professor Dr. Bettina Baronesse v. Freytag gen. Löringhoff bearbeitete bei der damaligen Ausstellung den Teil »Josef Eberle und seine Antiken« und betreut als Kustodin des Museums Schloß Hohentübingen die nachgelassene Antikensammlung Eberles. Der Unterzeichnete leitet als Rottenburger Stadtarchivar seit 1992 das Römische Stadtmuseum, das ohne das großherzige Mäzenatentum des Rottenburger Ehrenbürgers nicht in dieser Form hätte realisiert werden können.

Es sind vielfältige Aspekte des Dichters und Menschen Josef Eberle, die in dem vorliegenden Band aufgegriffen werden. Er will aufzeigen, daß sein Lebensweg und Lebenswerk auch 15 Jahre nach seinem Tod immer noch faszinierende und nicht bekannte Facetten bereithält, mithin die Beschäftigung mit ihm bis heute lohnend ist.

Ein besonderer Dank gilt allen, die durch ihre Unterstützung und Förderung zum Gelingen des Vorhabens beigetragen haben: Henry Giebel und Harry Allgauer, der *Stuttgarter Zeitung*, dem *Schwäbischen Tagblatt*, dem Deutschen Literaturarchiv Marbach am Neckar, dem Museum Schloß Hohentübingen, dem Sülchgauer Altertumsverein Rottenburg am Neckar – und vielen anderen, die sich dem Jubilar auch »noch Johr und Tag« besonders verbunden fühlen.

Rottenburg am Neckar, im Juli 2001   *Karlheinz Geppert*

Josef Eberle
Lebensweg und Lebenswerk

»Wiederum kehrt mir der Tag, der erste im Lichte des Städtchens,
das seine römischen Herrn Sumelocenna genannt.
Fehlt ihm auch Städtisches nicht, so darf man es ländlich doch heißen –
wie man's auch schätze, ich selbst habe von beidem mein Teil.«

Josef Eberle
am Ende der zwanziger Jahre.

»*Rottenburg ist meine Heimat*«

Josef Eberles Lebensstationen

*D*er Lebensweg und das Lebenswerk von Josef Eberle ist von den Zeitläuften des 20. Jahrhunderts geprägt, die Uwe Vorkötter, Chefredakteur der *Stuttgarter Zeitung*, bei seinem Jahrhundertrückblick so beschreibt: »Dieses Jahrhundert zweier Weltkriege, dieses Jahrhundert der Gewalt, der menschenverachtenden Diktatoren von Stalin bis Hitler. Das Jahrhundert des Holocaust. Das schreckliche, das deutsche Jahrhundert.«[1]

Prof. Dr. h. c. Josef Eberle, Poet und Publizist, Verleger und Verfolgter des NS-Regimes, stammt aus Rottenburg. Diese kleine Stadt am Neckar spiegelt sich in vielen Bereichen seines umfangreichen literarischen Schaffens wider. Mit seiner Dialektdichtung als Sebastian Blau ist er einer der beliebtesten schwäbischen Autoren des 20. Jahrhunderts, seine lateinischen Epigramme und Verse rühmen die Kenner. Die Mitgründung und der Aufbau der *Stuttgarter Zeitung* nach dem Ende des Zweiten Weltkriegs ist sein journalistisches und verlegerisches Lebenswerk. Sein Lebensweg war bewegt, nicht vorgezeichnet, lange Jahre bestimmt von den Sorgen um seine jüdische Frau.

Wie gesagt: Eberle stammt aus der Römer- und Bischofsstadt Rottenburg am Neckar; den weitaus größten Teil seines Lebens wohnte und arbeitete Eberle allerdings in der Landeshauptstadt Stuttgart, dem Erscheinungsort »seiner« Zeitung. Schon in den dreißiger Jahren bekannte Eberle freimütig:

> *Freile, i gstand offe'n ei':*
> *wär-i et e' Raote'burger,*
> *möcht-i schier vo' Stuegert sei'!*[2]

Nicht nur dieses Gedicht, fast alle seiner schwäbischen Verse entstanden im Rottenburger Dialekt, dem er tief verbunden war. Mit der Kultur und der Geschichte, mit der Lebenswelt und mit dem Idiom seiner Heimatstadt beschäftigte sich Eberle in weiten Abschnitten seines ereignisreichen Lebens. In den Anfang der 1930er Jahre entstandenen Gedichten des Sebastian Blau, inzwischen Klassiker der schwäbischen Mundartdichtung, werden viele Seiten seiner heimatlichen Kleinstadtwelt poetisch festgehalten. Manche Zeile wurde beinahe sprichwörtlich: »ond evangelisch send se ao«.

Freilich sind seine schwäbischen Gedichte nur eine Facette des Autors, der Rollenspiele liebte, sprachliche zumal. Er beherrschte den Wechsel der Perspektive und der Sprache – und er liebte das Spiel mit mehreren Masken. So sind denn auch die zahlreichen Decknamen – Tyll, Sebastian Blau, Peter Squen(t)z, Iosephus Apellus, der alte Wang – keine Pseudonyme im eigentlichen Sinn, sondern Zeugnisse der Vielfalt und Originalität eines Meisters von Wort und Sprache.

Die Lebensstationen dieses Literaten können durch zahlreiche Originaltexte – Briefe von und an Josef Eberle, Auszüge aus seinen Jugenderinnerungen, Artikel aus der Schairerschen *Sonntags-Zeitung* und der *Stuttgarter Zeitung* und selbstverständlich auch Gedichte und Prosatexte – veranschaulicht werden.[3]

EBERLE UND ENTRESS

Rottenburg war um 1900 eine neckarschwäbische Ackerbürgerstadt mit nicht ganz siebentausend Einwohnern –»usse' städtisch, bäurisch enne'« charakterisiert sie Eberle in seinem bekannten Gedicht »Hoamet«. In der noch stark von der Landwirtschaft und vor allem von der Sonderkultur des Hopfenanbaus geprägten Stadt gab es lediglich zwei größere Industriebetriebe, nämlich die Maschinen- und Schraubenfabrik Fouquet & Frauz sowie eine Filiale der Uhrenfabrik Junghans mit jeweils rund 200 Arbeiterinnen und Arbeitern.

»Die Bürgerschaft setzte sich (...) aus Gewerbetreibenden und

Geschäftsleuten zusammen, die fast alle noch einen Weinberg, einen Hopfengarten oder wenigstens ein ›Obstgütle‹ hatten, und jenseits des Neckars im Ehinger Stadtteil, aus Bauern und Weingärtnern. Wohl gab es bereits auch Fabrikarbeiter, aber auch sie waren noch Halbbauern. Die Oberschicht stellten die Beamten des Staats, der Stadt und des bischöflichen Ordinariats, der höhere Klerus inbegriffen. Ihr gesellschaftlicher Rang war gottgegeben – für sie selbst sowieso, aber auch für die einfachen Bürger. Angehörige der freien Berufe, Ärzte, Rechtsanwälte, Apotheker, Zahnärzte und drei, vier Fabrikanten durften sich ebenfalls zur Hautevolée zählen.«[4]

Die Entress, Eberles Vorfahren mütterlicherseits, gehörten zwar nicht gerade zur »Hautevolée«, aber doch zu den gutsituierten Handwerkerfamilien der Stadt, die noch dazu direkt am Marktplatz wohnten. Der Rottenburger Oberamtsrat Haslach ließ das stattliche Eckhaus nach dem großen Stadtbrand von 1735 neu errichten. Zuvor war in diesem zentralen Haus die Herrenstube,

Eberles Elternhaus am Rottenburger Marktplatz
wird 1813 von der Gürtlerfamilie Entress erworben.

13

eine Art Adelsklub, untergebracht. Bereits Eberles Urgroßvater, der Gürtler Ferdinand Entress (1790-1864), hatte 1813 den ersten Anteil an dem Wohn- und Geschäftsgebäude erworben.

»Gürtler nannte man Gold- und Silberschmiede, die Gürtelschlösser, Schuhschnallen, Trachtenschmuck, Miederstecker, Uhr- und Halsketten, Zuckerdosen, Löffel, silbertauschierte Pfeifen, sogenannte ›Ulmer Köpfe‹, Kelche, Tafelaufsätze und dergleichen herstellten.«[5]

Ferdinand Entress war es auch, der die »Gürtlertradition« im Hause Entress begründete. Sein Vater Franz Xaver Entress (1721 bis 1794) war noch Wirt des Gasthauses »Dreikönig« gewesen. Mit dem Aufsatz »Des Ferdinand Entress, weiland Gold- und Silberarbeiters in Rottenburg, Arbeitsbuch erzählt«, der am 14. Juni 1941 in der »Tübinger Chronik« erscheinen konnte und als Kapitel in die »Rottenburger Hauspostille« einging, setzte Eberle seinem Urgroßvater ein literarisches Denkmal. Der Artikel erschien zwar wegen des damals gegen Eberle verhängten Schreibverbots anonym, doch wußten sicherlich viele Rottenburger, wer der Anonymus war.

Ferdinand Entress, der mit Maria Letzgus (1796-1858) verheiratet war, scheint mit seinem Handwerk zu Wohlstand gekommen zu sein: Zum einen konnte er weitere Anteile des Marktplatzhauses erwerben, zum anderen steht er 1839 auf der Liste der größten Steuerzahler auf dem respektablen 15. Rang. Auch Eberles Großvater Gustav Entress (1834-1891) blieb dem Kunsthandwerk treu und führte das elterliche Geschäft zusammen mit seinem Bruder Adolf ab 1861 weiter. Der »Lehrbrief der Gold- und Silberschmiedekunst« für Gustav Entress aus dem Jahre 1857 ist noch erhalten.

Aus der Ehe mit Mathilde Holzherr (1839-1910), die er 1860 geheiratet hatte, gingen die Kinder Bertha, geboren 1865, die Mutter von Josef Eberle, und Oskar hervor. Oskar Entress (1868 bis 1951), der 1899 das Geschäft bereits in dritter Generation übernommen hatte, konnte 1913 eine »Hundertjahrfeier im Hause Entress« festlich begehen.

In seinen »Rottenburger Büchern«, der »Hauspostille« und den Jugenderinnerungen »Aller Tage Morgen«, bezieht sich Eberle immer wieder auf seine Vorfahren Entress. Er berichtet allerdings kaum etwas über seine väterlichen Vorfahren. Dabei wurde er auf denselben Vornamen getauft, den bereits sein Vater, sein Großvater und sein Urgroßvater trugen.

Die Eberles übten ein typisches, eher brotloses Massenhandwerk früherer Zeiten aus: die Schuhmacherei. Der Urgroßvater Josef Eberle war einer von 45 Schustern der Stadt Rottenburg. Deshalb zog bereits der Großvater Josef Eberle (1820-1886) das bescheidene Einkommen eines Amtsdieners seinem erlernten Schuhmacherberuf vor. Er heiratete 1851 die aus Horb am Neckar stammende Franziska Kanstinger (1824-1888), die unehelicher Herkunft war. Eberles 1864 geborener Vater schlug die Verwaltungslaufbahn ein, mit der ihm ein sozialer Aufstieg möglich war.

»Nach seiner Ausbildung zum Verwaltungsbeamten hatte ihn ein arrivierter Onkel in New York anfangs der achtziger Jahre nach Amerika kommen lassen. Er arbeitete dort in einer Wachstuchfabrik in Hoboken zu einem Tagesverdienst von ›etwa 6 Mark‹. (...) Das Sich-Angewöhnen scheint ihm aber ... nicht gelungen zu sein, denn nach kaum zwei Jahren kehrte er zurück – aus Heimweh.«[6]

Eberles Vater übernahm zunächst das Amt eines Verwalters der Rottenburger Bezirkskrankenkasse. Mit diesem Beruf war er wohl auch für die Goldschmiedefamilie Entress akzeptabel. Berta Entress und Josef Eberle hielten Hochzeit an Martini 1890, am 11. November. Die Menukarte findet sich noch heute in Eberles Nachlaß. Das junge Ehepaar zog in das Entress'sche Haus am Marktplatz, in den zweiten Stock. Hier wurde 1892 die Tochter Luzie als erstes Kind geboren.

Wenige Zeit später, im Frühjahr 1895, erreichte Eberle sen. ein neues Karriereziel: Der Rottenburger Gemeinderat übertrug ihm die Verantwortung für die Finanzen und bestellte ihn zum

Die Eltern Berta Entress und Josef Eberle sen. heiraten 1890.

Stadtkämmerer, damals Stadtpfleger genannt. Die Wahl des seit 1891 als Versicherungsbeamter in städtischen Diensten stehenden Eberle erfolgte zunächst auf drei Jahre; die Wiederwahl im Jahre 1898 verlief problemlos.

Hingegen hatten die Eberles im privaten Bereich weniger Glück: Die in diesen Jahren geborenen Kinder – Eugen Gustav 1894, Hermann Josef 1895 und Karl Josef 1898 – starben schon nach wenigen Tagen oder Wochen. Dieses war selbst in einer Zeit ungewöhnlich, in der in Rottenburg rund 30 Prozent der Geborenen bereits im Verlauf des ersten Lebenjahres starben.

JUGEND AM MARKTPLATZ

Josef Alfons Eberle wurde am 8. September 1901 im Entress'schen Haus am Marktplatz geboren. Zwei Monate vor seiner Geburt, am 6. Juli 1901, war sein Vater, gerade 36 Jahre alt, nach kurzer schwerer Krankheit gestorben. »Er war ein ebenso tüchtiger Beamter als angenehmer Gesellschafter und nahm an gemeinnützigen Bestrebungen den regsten Anteil. Nicht umsonst ließen am Grabe … Gewerbeamt, Liederkranz, Bürgerverein, Gewerbeverein, Gesellenverein und Turnerbund Nachrufe widmen.«[7]

So wuchs Eberle vaterlos auf; er kannte ihn nur aus den Erzählungen seiner Mutter, die mit ihren beiden Kindern Luzie und Josef weiter im Marktplatzhaus wohnen konnte. »Eine Witwe hatte es dazumal nicht leicht. Man ließ sie in der Gesellschaft, zu der sie gehörte, eben noch soweit gelten, als es die soziale Stellung ihres verstorbenen Mannes verlangte; als Person und Bürgerin galt sie nicht mehr viel. Ich entsinne mich gelegentlicher Äußerungen meiner Mutter zu diesem Thema, sie waren voll Resignation. Aber sie wußte sich zu wehren … .«[8]

Zu den gesellschaftlichen Schwierigkeiten kamen finanzielle hinzu, denn der früh verstorbene Vater hinterließ keine Reichtümer. »Wie die tapfere Frau es fertiggebracht hat, damit zwei Kinder aufzuziehen, sie in höhere Schulen zu schicken und einen, wenn auch bescheidenen, so doch ihrem Titel gemäßen Status zu wahren, das ist mir heute noch ein Wunder.[9]

*Der Rottenburger Marktplatz um 1906,
wie Eberle ihn als Kind erlebte.*

Der Markt, der Platz vor dem Rathaus, war das Quartier von
Eberles Kindheit. Hier war er der gewitzte Anführer einer aufgeweckten und phantasievollen Jungenclique, vom ihrem späteren Englischlehrer ironisch »Marktplatzjodler« genannt. Die
Marktplatzbuben setzten sich aus besonders schlimmen Muster-
exemplaren der Söhne gutbürgerlicher Familien zusammen, die
der Lehrerschaft samt der Geistlichkeit manches Kopfzerbrechen
bereitete. Zu ihnen gehörte auch der nur wenige Tage jüngere
Walter Bader aus der renommierten Buchhandlung am Markt
(heute Osiandersche Buchhandlung), der als herausragender Mit-
telalterarchäologe und als »Retter des Domes von Xanten« in die
Geschichte eingehen sollte.

Mit ihm besuchte Eberle ab 1907 zunächst die Volksschule im
Stadtteil Ehingen und anschließend das Progymnasium in der
Autengasse, der heutigen Sprollstraße. Dieses Realgymnasium
war erst 1908 aus der alten Lateinschule hervorgegangen.

»Nein, ich denke nicht im Zorn zurück an meine Schule,
obschon manches in der Erinnerung gemischte Gefühle weckt:

ihre pädagogische Methode, der Lehrplan, die Räumlichkeiten und Einrichtungen und selbstverständlich gewisse Lehrer. (...) Ob ich ein guter Schüler gewesen bin? (...) Heute glaube ich die Frage im großen Ganzen mit Ja beantworten zu dürfen, mit einem allerdings eingeschränkten Ja: soweit nämlich ein Lausbub mit allerlei Allotria im aufgeweckten Köpfchen überhaupt ein guter Schüler sein kann. (...) Nach drei Jahren Volksschule kam ich in die sogenannte Vorklasse des Progymnasiums. Es war in einem andern, von den Musen, die man darin strapazierte, äußerlich auch nicht gesegneteren alten Kasten untergebracht. Dort hob uns Präzeptor H., ein stiller, vertrauenerweckender, ebenfalls spitzbärtiger Herr ohne jeden schulmeisterlichen Tick mit sanfter Hand auf die unterste Stufe der langen und steilen Treppe, die zum Capitol hinaufführt, von wo aus Jupiter Latein zur Weltsprache erhoben hat ... .«[10]

DAS ERSTE GEDICHT

In jenen Schultagen, etwa um 1914, stellten sich frühe Weichen für Eberles literarische Berufung, und zwar nicht nur in den Spottversen auf den Stadtrat und dichtenden Kupferschmied Anton Bader.

»In diese Zeit fiel auch meine erste literarische Polemik. Sie richtete sich gegen unsern Lokaldichter. Der pflegte das samstägliche Mittagessen, Ochsenfleisch mit Kartoffelschnitz, roten Rüben und sauren Gürkchen, mit poetischem Senf zu würzen, will sagen, mit einem selbstgefertigten Gedicht in der Zeitung. Der Anton war sonst ein rechter Mann, Kupferschmied seines Zeichens und als Stadtrat und Vorstand vieler Gremien und Vereine ein höchst reputierlicher Bürger. Nur hatte sein von grauen Löckchen umwölkter Glatzkopf zuviel Schiller gelesen, er hatte es mit der Muse – er, dem kein Mensch in der ganzen Stadt einen Seitensprung zutrauen, geschweige denn nachsagen konnte. Seine mit ihr gezeugten Kinder standen samstags im Blatt, Woche für Woche.

Aus purem Übermut, denn der brave Anton hatte uns nie etwas

getan, es zwang uns auch niemand, seine Gedichte zu lesen, aus purem Übermut also verfielen wir auf die Idee, ihm eine Dichterehrung darzubringen. In einer Nacht zum ersten Mai, in der wir Luse hatten zum ›Maienstecken‹, holten wir vom Komposthaufen des Klausenfriedhofs einen vergilbten Kranz, besteckten ihn mit leuchtend gelbem Löwenzahn – die gelbe Blume trägt bei uns einen beträchtlich weniger poetischen Namen – und umrahmten damit ein Gedicht von mir, in Druckbuchstaben schön rot und schwarz gemalt. Diesen Ehrenkranz hängten wir dem Dichter über die Haustüre. Der gute Anton sei, so hörten wir später, als er am anderen Morgen aus seinem Fenster frohgemut in den schönen Maientag blickte, von einem Passanten gefragt worden, was er denn heute für ein Fest feire. ›Warum?‹ – ›Ha, weil du so en schöne' Kranz über der Tür host...‹ Weil

es das einzige meiner Gedichte aus jenen Tagen ist, das ich ganz behalten habe, soll es hier stehen; der Gefeierte hat es ja doch nicht aufbewahrt:

> *Aus tiefgefühltem Danke*
> *Sei dir der Kranz gebracht.*
> *Druck ihn auf's Haupt, auf's blanke,*
> *Und trag ihn Tag und Nacht.*
>
> *Steig auf der Ruhmesleiter*
> *Noch singend manches Lied*
> *Von Spross' zu Sprosse weiter,*
> *Du Reim- und Kupferschmied.«*[11]

Auch anläßlich eines Besuchs des württembergischen Königs Wilhelm II. lieferte Anton Bader das Ergebnis eines seiner zahlreichen Pegasusritte ab. Der Regent weilte am 29. Juni 1914 aus Anlaß des 600jährigen Jubiläums der Bürgerwache in der Bischofsstadt. Das in Mundart verfaßte Gedicht durfte Eberles Schwester Luzie, gekleidet in Alt-Rottenburger Tracht, aufsagen.

19

»O, liaber, guater König, hair mi doch a weng a,
I möcht der's nau saga, wie arg ma Di ma,
Für Di und für Königin, für euch gäb' mer's Bluat.
Und wohr isch, därscht mer's glaube, gelt, bischt so guat!

Und weil Du so guat bischt, hätt i au a Bitt,
Em a junga liaba Mädle versag em se it!
Hätt' gean letzthin der Königin an Strauß übergea,
Hätt' so gean au mol auser Königin g'sea!

Bis i mei schönst's Häs rausg'suacht ghet hau,
Hau doch wölla au sauber voar d'Königin na stau,
No ischt se schau wieder Beabhausa zua gsei!
O je, hau doch könna uff meine Füßla et hinadrei!

Ond jetzt haun i wieder an Strauß für se g'macht,
Hau d' Liab und Treu von der ganza Stadt drei nei g'macht,
Dia schöne Nägelen solle der Königin verzähla,
Was ihra i sellamol hau liabs sage wölla!

Ond jetz, liaber König erfüll mer mei Bitt:
Nemm Du dean Strauß für d' Königin mit,
Ond sag ihra treulich a meira Statt
Viel herzliche Grüaß vo auserer Stadt.«[12]

Die Zeile »Für Di und für Königin, für euch gäb' mer's Bluat«
sollte sich schneller als gedacht bewahrheiten, denn an diesem
Tage kam auch in Rottenburg die Nachricht an, daß der öster-
reichische Thronfolger Erzherzog Franz Ferdinand und seine
Frau, Herzogin Sophie von Hohenberg, in Sarajewo am 28. Juni
1914 einem Attentat zum Opfer gefallen waren – der Auslöser
für den Ersten Weltkrieg.

BUCHHÄNDLER UND ANTIQUAR

Während manche seiner Freunde nach dem Abschluß des Progymnasiums auf eine Vollanstalt in die nahe Universitätsstadt
Tübingen wechseln konnten, bot sich diese Chance für Eberle
nicht. Hierzu reichten die bescheidenen Mittel seiner Mutter

Die Geschwister
in der ersten Reihe: Luzie und Josef Eberle im Kreise der Familie.

nicht aus. So mußte er sich mit dem sogenannten Einjährigen (»Wissenschaftliche Befähigung für den einjährig-freiwilligen Dienst«) begnügen. Das Abschlußzeugnis trägt das Datum des 22. Juni 1917 und bescheinigt ihm: »I. Fleiß und Aufmerksamkeit: gut. II. Betragen: sehr gut. III. Kenntnisse: befriedigend.« Unterschrieben ist es von Rektor und Dompräbendar Alois Kremmler (1864-1946), bei dem er die Grundlagen des Lateins gelernt und dem der spätere »poeta latinus« eine Dankelegie gewidmet hat: »Rex«. Zunächst stellte sich für Eberle allerdings die Frage der beruflichen Zukunft.

»Eigentlich wollte ich zur See, zur Marine. Ferne, fremde Länder und Meere, schwarze und braune Naturmenschen, Palmen, Südsee. (...) Als es aber dann ernst wurde mit der Berufswahl, zerstoben die abenteuerlichen Träume. Das war im Frühjahr und Sommer 1917. (...) In diese Not hinein platzte Vetter Joseph St. aus Berlin. Wie alljährlich im Sommer war er für ein paar Tage zu seiner alten Mutter auf Besuch gekommen. (...) Wie es denn mit Buchhändler wäre? fragte Vetter Joseph. Er kenne den Pro-

21

kuristen in der Heckenhauer'schen Buchhandlung zu Tübingen, dort könnte er mich wohl unterbringen und für eine solide Ausbildung garantieren. Meine Mutter sah den noblen Vetter an – immerhin …! Und als mich dann beide fragten, ob ich Lust hätte, sagte ich, dem schon alles gleichgültig war, ja, nicht zuletzt auch deshalb, weil zwei meiner Altersgenossen in der Rottenburger Buchhandlung bereits Lehrstellen angenommen hatten. (…) Ich wurde angenommen. Eintrittstermin: 1. September 1917. Und so fuhr ich denn von diesem Tag an drei Jahre lang täglich viermal die Strecke zwischen Rottenburg und Tübingen hin und her, morgens um sieben Uhr hinunter, zum Mittagessen heim, um zwei Uhr wieder hinab und um sechs Uhr abends zurück. Im Winter war das Zügle nicht beleuchtet und nicht geheizt - es war ja Kriegszeit - und der kalte Rauch in den Eisenbahnwägen noch widerlicher. (…)

Ein merkwürdiger Zwiespalt, den ich allerdings damals gar nicht wahrnahm: Ich blieb mit allen Fasern und Gewohnheiten in der vertrauten Enge der heimischen Kleinstadt verhaftet, zugleich bewegte ich mich tagsüber in einer völlig anderen Welt, in der Welt der Bücher, der Gelehrsamkeit, des kritischen Geistes.«[13]

In Tübingen:
»Hier war ich Stift, hier war ich jung /
in Heckenhauers Buchhandlung.«

In der »J.J. Heckenhauer'schen Buch- und Antiquariatshandlung«, dem traditionsreichen Haus am Tübinger Holzmarkt, arbeitete Eberle denn auch am gleichen Stehpult wie zwanzig Jahre zuvor Hermann Hesse.

Wenige Wochen nach Lehrantritt starb am 26. Oktober 1917 seine geliebte Mutter im Alter von 52 Jahren.

»Man hatte mich in der Nacht geweckt, mit der Mutter gehe es aus. Ihr Gesicht war zitronengelb bis in das Weiße der Augen hinein - sie war leberleidend; man merkte ihr an, daß sie litt, aber sie gab uns, die wir weinend ihr Bett umstanden, ihre letzten

Ermahnungen mit einer Gelassenheit, die nur aus dem Bewußtsein des nahen Endes kommen konnte. ›Und du, Luzie‹, sagte sie zu meiner neun Jahre älteren Schwester, ›du sorgst für de' Josef, daß er e' rechter Mensch wird; gelt, des versprichst mir …‹ Das waren ihre letzten Worte.«[14]

Eberle, gerade 16 Jahre alt, war nun Vollwaise. Für den Minderjährigen bestellte das Gericht kurze Zeit später seinen Onkel Oskar Entress zum Vormund, wobei diese Vormundschaft bis zur Erreichung der gesetzlichen Volljährigkeit mit 21 Jahren bestehen sollte. Nach dem Tod der Mutter bekam Eberle Kost und Logis bei seiner älteren Schwester Luzie, die als Entschädigung den Zins aus dem elterlichen Erbteil ihres Bruders erhielt. Wie es die Vorschriften erforderten, wurden die Konditionen in einem »Kost- und Verpflegungsvertrag« schriftlich fixiert. In dem Dokument vom 31. Dezember 1917 heißt es u.a.:

»Dessen Schwester hat ihn zur vollen Verköstigung und Verpflegung übernommen, ist also verpflichtet ihrem Bruder Wohnung zu geben, ihn in gesunden und kranken Tagen zu verköstigen, für Arzt- und Apothekerkosten aufzukommen, ihn vollständig zu kleiden, ihm die Wäsche zu besorgen, das Fahrgeld von und nach Tübingen zu entrichten und ihn zu Ordnung, Fleiß, Arbeitsamkeit und Sittsamkeit anzuhalten.«[15]

Die vertragliche Regelung sollte bis zur Heirat seiner Schwester gelten, die kaum zwei Jahre später, am 10. November 1919, erfolgte. Ein Jahr nach der Hochzeit verließ Luzie die Bischofsstadt und ging mit ihrem Mann Paul Ströbel nach Stuttgart. Über seinen Schwager findet sich in Eberles Erinnerungen nur eine Begebenheit aus den Tagen nach Ende des Ersten Weltkriegs.

»Der Bräutigam meiner Schwester, der Bankangestellter in Stuttgart war und übers Wochenende heimkam, brachte einmal einen Stoß Klebezettel mit antisemitischen Sprüchen mit; er, der politisch nicht Interessierte, hatte sie von Kollegen bekommen ›zum Verteilen‹.«[16]

Die Lehrzeit in Tübingen – »Hier war ich Stift, hier war ich jung / in Heckenhauers Buchhandlung« – dauerte, aufgrund guter Leistungen verkürzt, bis Ende Mai 1920. Bereits in diesen Jahren erwarb der Bücherfreund antiquarische Werke der Heimatkunde, die noch heute in Eberles umfangreicher Bibliothek im Deutschen Literaturarchiv Marbach vorhanden sind, so die erste Rottenburger Oberamtsbeschreibung aus dem Jahre 1828 oder das Werk »Alt-Rotenburg« von Ludwig Schmid von 1877.

Versehen mit einem guten Zeugnis seines Lehrherrn Ernst Sonnewald, datiert vom 15. August 1920, verließ Eberle nicht nur seinen Lehrort Tübingen, sondern auch seine Heimatstadt – zwar nicht für immer, doch hielt er sich künftig in Rottenburg nur noch besuchsweise auf, für Tage oder wenige Wochen.

»Mit Vetter Joseph … war ausgemacht, daß ich nach Abschluß der Lehre zu ihm in seine renommierte Buchhandlung nach Berlin kommen sollte. Jetzt, im Herbst 1920, war es soweit. (…) Ich freute mich auf Berlin, aber fast noch mehr auf die große Reise. Bisher hatte ich von der weiten Welt nicht viel gesehen. (…) Kein Wunder, daß mich das Abenteuer, eine richtige Groß-stadt zu sehen und dort zu leben, lockte! Am Benehmen meiner Freunde und meiner Tanzstundendamen merkte ich, daß mir der Entschluß, so weit fortzugehen, und auch noch in das immer noch turbulente Berlin, einen Nimbus verlieh, der allen Respekt erheischte.«[17]

Mit dem Weggang in die Reichshauptstadt Berlin enden auch Eberles 1974 erschienene Jugenderinnerungen »Aller Tage Mor-gen«, die wie alle Erinnerungen nur subjektive Annäherungen an das wirklich Erlebte sein können. Allerdings bilden die Be-gebenheiten und Beobachtungen dieser Kindheits- und Jugend-jahre den Fundus für seine zahlreichen schwäbischen Gedichte in Rottenburger Mundart zu Situationen, Charakteren und Sta-tionen der Kleinstadtwelt in den Jahren des ausgehenden Kaiser- und Königreichs. Leider hat Eberle über die kommenden ereig-nisreichen Jahre keine Erinnerungen vorgelegt und auch keine biographischen Aufzeichnungen hinterlassen.

Ermutigt durch dichterische Versuche in jungen Jahren, sandte Eberle im Winter 1920 aus Berlin erste schwäbische Gedichte an August Lämmle (1876-1962). Der Mundartautor Lämmle, ein gelernter Volksschullehrer, war Anfang der 1920er Jahre freier Mitarbeiter des von Theodor Bäuerle geleiteten Vereins für ländliche Wohlfahrtspflege und außerdem von 1920 bis

1922 Schriftleiter der von Bäuerle herausgegebenen *Schwäbischen Heimat.*

»Im Jahre 1920… hatte ich, der Unbekannte, dem bereits berühmten schwäbischen Dichter ein paar meiner schwäbischen Erstlinge geschickt, was er davon halte. Einen davon gab er zur Veröffentlichung an eine Zeitung weiter, und wenn es auch nur ein Vierzeiler war, so war ich doch recht stolz darauf, mich gedruckt zu sehen. Die anderen Gedichte kamen mit einem väterlichen Brief zurück, worin stand, Talent sei da, aber mit der Gestaltung hapere es noch hie und da. Und dann kam der Satz: ›Begnügen Sie sich nicht mit einem Ungefähr, feilen Sie an Ihren Gedichten so lange, bis Sie selber das Gefühl haben: jetzt ist es gut.‹«[18]

Mitte der zwanziger Jahre in Baden-Baden.

Und diesen Rat befolgte Eberle nachhaltig, zeitlebens »bosselte« er an vielen seiner Gedichte – und dies etliche Male.

Nach dem kurzen Aufenthalt in der deutschen Hauptstadt waren Karlsruhe – hier war Eberle als Buchhandlungsgehilfe ab 1. Januar 1921 tätig – und Stuttgart (1922) weitere Stationen seiner Wanderjahre. Anschließend arbeitete er in der Kurstadt Baden-Baden von Mai 1924 bis Juli 1925. Nach einem erneuten Aufenthalt in Stuttgart hielt er sich 1926 in Leipzig auf.

ALS TYLL BEI DER SONNTAGS-ZEITUNG

In den großen deutschen Städten erfuhr Eberle die bewegten politischen Ereignisse der jungen Weimarer Republik und dabei auch die Politisierung der Literatur jener Zeit. Viele Autoren versuchten in das Tagesgeschehen einzugreifen und entwickelten dabei die Formen der publizistischen Gebrauchsliteratur zu einem bis dahin nicht gekannten Reichtum. Reportagen, Berichte, Essays, Glossen, Satiren von literarischer Brillanz erschienen in

Zeitschriften oder auch gesammelt in Buchausgaben. Herausragende Publikationsorgane waren *Die Weltbühne*, die mit den Namen Carl von Ossietzky und Kurt Tucholsky verbunden ist, oder *Die Fackel* von Karl Kraus.

Als schwäbischer Karl Kraus wird der politische Journalist und frühere evangelische Pfarrer Dr. Erich Schairer (1887-1956) einmal bezeichnet. Er gründete 1920 in Heilbronn das Wochenblatt *Die Sonntags-Zeitung*, die ab 1925 im politisch und kulturell lebendigeren Stuttgart erschien.[19] Der Name der Zeitung klingt zwar unverfänglich, fast kirchennah, doch die Analysen, Reportagen, Glossen und Gedichte im Zeitgeschmack waren es keineswegs. Schairer ging mit »der Setzmaschine in Opposition«, seine Zeitung kämpfte gegen Kirchentum, Kapitalismus, Krieg und Gewaltherrschaft, sie trat ein für Geistesfreiheit, Gemeinwirtschaft, Gerechtigkeit und Frieden:

»Wir leben dem Buchstaben nach in einer sozialen und demokratischen Republik; aber der Geist des Sozialismus und der Demokratie, der Rücksicht, Verständnis, Wohlwollen und Gerechtigkeit bedeutet, ist nicht zum Leben erwacht. Diesem Geist wird diese Zeitung dienen.«[20]

Mitte der zwanziger Jahre besaß die *Sonntags-Zeitung*, die Abonnenten vor allem in den größeren deutschen Städten hatte, eine Auflage von etwa sechstausend Exemplaren. Neben dem Herausgeber Schairer, meist einem Redakteur und dem Holzschnitt-Karikaturisten Hans Gerner gab es einen Stamm von freien Mitarbeitern. Vielleicht als zeittypische Erscheinung – erinnert sei an das »Decknamen-Gespann« Kurt Tucholskys in der *Weltbühne*: Peter Panter, Theobald Tiger, Ignaz Wrobel, Kaspar Hauser –, vielleicht, um eine größere Anzahl von Autoren zu suggerieren, bedienten sich die Mitarbeiter der *Sonntags-Zeitung* einer großen Fülle von Pseudonymen. So zeichnete Schairer auch als Adam Heller, Eugen Kazenwadel, Robert Rauschnabel oder mit dem Kürzel oha. Im Frühjahr 1926 tauchte in der *Sonntags-Zeitung* ein neues, an den bäuerlichen Schalksnarr Eulenspiegel anklingendes Pseudonym auf: Tyll. Schairer hierzu später:

»Es muß Anfang 1926 gewesen sein, als ich in meinem Postfach einmal einen Brief an die ›Sonntagszeitung‹ aus Leipzig fand, mit einer netten, kleinen, gedrängten Schrift, die mir sogleich gefiel. Ein junger Buchhandlungsgehilfe namens Josef Eberle bot ein Manuskript an. Ich sah sofort, daß er etwas konnte, was wenigen Schriftstellern gegönnt ist: die sogenannte kleine Form. Von da an war Tyll, so hieß Eberles Deckname, Mitarbeiter meiner ›Sonntagszeitung‹. Bald stellte es sich heraus, daß er es auch verstand, sich in Versen auszudrücken. Am 2. Mai 1926 erschien als erstes Gedicht Tylls eine »Ode an die Dummheit«, die ich heute noch auswendig kann, und deren erste Strophe mir, offen gestanden, manchmal einfällt.«[21]

» *E* in junger Buchhandlungsgehilfe
namens Josef Eberle
bot ein Manuskript an.«

Ode an die Dummheit

Laß mich um deinen Sockel Kränze winden
aus Immortellen und aus Immergrün!
Nie wird die Allmacht deines Thrones schwinden,
und deiner Hand das Zepter zu entwinden,
ist heißes, doch vergebliches Bemühn.

Du blinzelst nicht wie Themis durch die Binde,
du unterscheidest weder Links noch Rechts;
dem Millionärs- und dem Proletenkinde
legst in die Windeln du dein Angebinde
ohn' Ansehen der Person und des Geschlechts.

Wie hehr, wenn du, von Ochsen und Kamelen
umringt, an denen du in Liebe hängst,
Politikern und deutschen Generälen,
die deiner Gunst besonders sich empfehlen,
die volle Sonne deiner Gnade schenkst!

Heil ihm, den du mit segensreichen Händen
im Überschwang geruhst zu benedein:
laut Bibel wird er einst im Himmel landen,
auf Erden sind die dicksten Dividenden
(Kartoffeln, wie man früher sagte) sein!

Noch nie gelang's, sich deiner zu erwehren,
dein Schild ist gegen Hieb und Stoß gefeit.
Und könnte diese Welt dich denn entbehren?
O laß mich drum in Andacht dich verehren,
denn dein ist Reich und Macht und Herrlichkeit![22]

Vier Jahre lang, von Mai 1926 bis Mai 1930, publizierte Eberle, meistens unter dem Pseudonym Tyll, politisch-satirische Gedichte in Schairers Zeitung – von der genannten »Ode an die Dummheit« (2. Mai 1926) bis zum letzten veröffentlichten Gedicht »Christus wants to see you« (18. Mai 1930). Freilich publizierte Eberle nicht nur Gedichte, sondern auch zahlreiche Aufsätze, Glossen und Rezensionen in der *Sonntags-Zeitung*. Neben das Pseudonym Tyll trat zeitweilig ein weiterer »närrischer« Deckname: Pickelhering.[23] Pickelhering, eigentlich ein englischer Narr und Komödiant, tritt als des Königs lustiger Rat auch in der »Absurda Comica« des Barockdichters Andreas Gryphius (1616-1664) auf, die an Shakespeares »Sommernachtstraum« erinnert. Und der vollständige Titel des »Schimpff-Spiels« von Gryphius verweist auf ein weiteres, späteres Pseudonym von Eberle: »Absurda Comica. Oder Herr Peter Squentz«. In dieser um 1660 entstandenen komödiantischen Verspottung des Handwerkertheaters spielen Dorfhandwerker ohne Verständnis für den antiken Stoff und für das Theater die aus Ovids Metamorphosen bekannte Sage von Pyramus und Thisbe vor einem Fürsten. Das Pseudonym Peter Squen(t)z benutzte Eberle dann nach 1945, für zeitkritische Gedichte in Hochdeutsch und für den barocken »Venus-Spihgel Phyllis & Philander«.

Nur vereinzelt zeichnete Eberle Beiträge in der *Sonntags-Zeitung* mit seinem bürgerlichem Namen wie einen Beitrag über sein erlerntes Gewerbe, den »Buchhandel«, der mit folgenden Worten endet: »Man orientiert sich in diesem typisch bürgerlichen Beruf noch immer nach rückwärts. Es ist zu wünschen, daß der Buchhandel den Anschluß an die neue Zeit mit ihren anderen wirtschaftlichen und kulturellen Zielen findet und damit dem Buch wieder die Geltung verschafft, die ihm als Ausdruck der geistigen Bestrebungen unseres Volkes zukommt. Trotz Kino, Radio und Fußball.«[24]

Andere Zeilen, wie etwa der Nachsatz eines Artikels unter der Überschrift »Die Rottenburger Bürgergarde in Sigmaringen«, sind ungezeichnet, weisen jedoch eindeutig auf Eberle hin. »Die Uniform der Rottenburger Bürgergarde muß nach den Schilderungen ›unseres‹ dortigen ›Spezialkorrespondenten‹ durch ihre Helmbüsche und roten Brüste sehr imposant wirken. Der Hauptmann, in Zivil Barbier und Erfinder des Haarwassers ›Trichophil‹, soll überdies einen martialischen Schnauzbart haben.«[25]

Eine erste Sammlung von satirischen Versen erschien 1928 mit dem ironischen Titel »Mild und bekömmlich« unter dem Pseudonym Tyll. Eberle widmete den Gedichtband, der im Stuttgarter Verlag »Die Blende« erschien, seinem nur wenig älteren Tübinger Freund Will Hanns Hebsacker (1898-1954), den er vermutlich bereits aus seinen Lehrjahren in der Universitätsstadt kannte. Die ersten Zeilen aus einem Gedicht, das Hebsacker zu Eberles 50. Geburtstag veröffentlichte – *»Des hättscht domols au net denkt, / wo mer hänt de Mädla pfiffa, / send da Neckar nübergschliffa / ond hänt schier no d'Füeß verrenkt«*[26] – sind jedenfalls ein Hinweis darauf. Heute sind von der Gedichtsammlung »Mild und bekömmlich« nur wenige Exemplare erhalten, da der Band später von der Gestapo verboten und beschlagnahmt wurde.

Nicht alle Gedichte, die sich in »Mild und bekömmlich« finden, waren bereits zuvor in der *Sonntags-Zeitung* zu lesen, etwa das Gedicht »Katholikentag 1925«[27]. Beim Lesen dieser Zeilen ist es auch weiter nicht verwunderlich, daß Eberle aus politischen Gründen in dieser Zeit aus der katholischen Kirche ausgetreten war. Der gegen »Kirchentum« eingestellten *Sonntags-Zeitung* liegen immer wieder Kirchenaustrittsformulare bei; sie veröffentlichte auch Hinweise, bei welcher Behörde man seinen Kirchenaustritt zu erklären habe. Eberle ist im übrigen Mitte der 1930er Jahre – gegen den braunen Strom – wieder Kirchenglied geworden.

Gedichte im Zeitgeist:
»Mild und bekömmlich«, 1928 von Josef Eberle
unter dem Pseudonym »Tyll« herausgebracht.

Katholikentag 1925

Seid willkommen, schwarze Scharen,
Schäflein, Hirt und Oberhirt,
Kinder unsrer einzig wahren
Kirche, welche niemals irrt.
Schäflein, Böcklein, wo ich seh' -
ad gloriam ecclesiae!

Euer Glaube ist der feste
Kitt, der euch zusammenleimt,
und die Dummheit ist der beste
Boden, drauf er herrlich keimt.
Arm am Geist, im Glauben zäh -
ad gloriam ecclesiae!

Laßt euch leiten, laßt euch lenken,
eure Hirten meinen's gut,
darum zahlt und laßt das Denken,
zahlt den schuldigen Tribut,
zahlt und ob man euch auch schmäh' -
ad gloriam ecclesiae!

Habt ihr dann genug gemeckert
und das ird'sche Jammertal
recht als Schafe vollgekleckert,
dann verlaßt ihr das Lokal;
noch im Himmel blökt ihr mäh -
ad gloriam ecclesiae!

Durch die Mitarbeit an der *Sonntags-Zeitung* kam Eberle in Kontakt mit Schriftstellern wie dem Arzt Dr. Hans Erich Blaich (1873-1945), dem Dr. Owlglass und Ratatöskr des »Simplicissimus«, oder Malern wie Reinhold Nägele (1884-1972). Mit beiden verband Eberle eine lebenslange Freundschaft. Eberle schloß sich auch einem Klub an, in dem Gedichte von Joachim Ringelnatz (Hans Bötticher 1883-1934) gelesen wurden. Dieser traf sich bei seinem Mitglied Willy Widmann, dem Wirt der »Elsässer Taverne« und Zauberkünstler. Widmann sollte wie Nägele später Bücher von Eberle illustrieren. Ein anderer Zirkel, den Eberle besuchte, war der »Weltbühne«-Leserkreis; hier hielt der frankophile Autor Anfang 1927 einen Vortrag über Voltaire.

PARISER RECHENSCHAFT

Eberle genoß es zeitlebens zu reisen. Er liebte Frankreich und besonders Paris. Im Frühjahr 1927 fuhr er in die französische Metropole. »Von einem Pariser Aufenthalt im Jahre 1927, den er eigentlich als Berichterstatter der ›Sonntagszeitung‹ genommen

osef Eberle (rechts) zu Besuch in der Stadt seiner Sehnsucht: Paris.

hatte, hat er z.B. außer Briefen um Geld keine Zeile geschrieben«, erinnerte sich später Schairer. Doch findet sich unter dem 13. März 1927 eine »Pariser Rechenschaft« von Tyll in der *Sonntags-Zeitung.*[28]

»Auch ich bin in Paris gewesen. Ich weiß, es ist etwas passé, Sehnsucht nach dieser Stadt zu haben. Seit man nämlich dort nicht mehr ganz so billig leben kann wie im vergangenen Sommer. Damals, ach Gott, damals pilgerten alle, die sonst ihre drei Wochen Urlaub in Ditzenbach verbringen, an die Seine und gefährdeten dadurch die deutschfranzösische Annäherungspolitik. Heute ist das nicht mehr so. Gott sei Dank. Ich bin nur wenigen Landsleuten begegnet. Und die wenigen waren beinahe schon zuviel.«

In dem längeren Beitrag erzählt Eberle folgende anekdotenhafte Episode: »Ein bißchen Romantiker bin ich doch. Ich ging also meinen Landsmann Heinrich Heine besuchen. Er empfängt: Cimetière Montmartre, Avenue de la Cloche, 21. division, links. Sein Grabmal, aus weißem Marmor, ist 1901 von der ›freisinnigen Stadt Wien‹ gestiftet worden. Eine rosenumkränzte Leier, Palmwedel und Ampeln schmücken es. Gekrönt ist das simple Monument von der Büste des Dichters. Nach unten geneigt, lächelt sein Gesicht, halb melancholisch, halb spöttisch. Rings auf der Einfassung ist eines seiner schönsten Gedichte eingemeißelt:

> *Wo wird einst des Wandermüden*
> *letzte Ruhestätte sein?*
> *Unter Palmen in dem Süden?*
> *Unter Linden an dem Rhein?*

Immer liegen frische Blumen auf dem Grab. Und Visitenkarten. Aus allen Erdteilen. Auf der linken Seite neben dem Stein erhebt sich halbmeterhoch eine Tafel, darauf steht in deutscher und französischer Sprache: ›Es ist bei Strafe strengstens verboten, auf das Grabmal zu schreiben, dasselbe abzuzeichnen oder zu photographieren.‹

Ein bißchen Romantiker bin ich doch. Und so habe auch ich meine Visitenkarte niedergelegt, mit den gutgemeinten Versen:

> *Heimatluft umschwebt den toten*
> *Dichter auch im fremden Land:*
> *noch auf seines Grabes Rand*
> *wird bei Strafe was verboten.*

Anderntags war die Karte weg. Die andern lagen noch da. Sollte sich wer für Autogramme von mir interessieren?«

So endet 1927 die Erzählung in der *Sonntags-Zeitung*. Jahre danach veröffentlichte Eberle diese Geschichte in einer abgewandelten Variante in der *Stuttgarter Zeitung*, ein Beleg, daß sich Eberle auch später mit seinen frühen Texten und Themen beschäftigte. Die *Stuttgarter Zeitung* druckte die Pariser Geschichte immer wieder ab – so zum 80. Geburtstag des Autors 1981 unter dem Titel »Heimatluft« (5. September 1981) oder später unter der Überschrift »Regisseur Zufall« (15. Februar 1992).

Nach Monaten – ich saß längst wieder an meinem Schreibtisch im Süddeutschen Rundfunk – hatte ich mit einer Publizistin, die eifrig für deutsch-französische Verständigung warb, wegen eines Vortrags zu diesem Thema zu verhandeln. Wir liebten beide Frankreich und Paris, das die Dame von ihrer Studienzeit und von vielen späteren Besuchen her kannte, und nicht minder, wie sich herausstellte, den Vorkämpfer unserer Bemühungen um nachbarliche Freundschaft der beiden Länder: Heine. Ich erzählte ihr mein kleines Erlebnis an seinen Grab; leider brachte ich meinen Vierzeiler nur noch sinngemäß zusammen.

›Wie ist Ihr Vorname‹? fragte sie unvermittelt. Ich nannte ihn. Merkwürdigerweise beunruhigte sie der harmlose Name Josef so, daß mir die Gegenfrage auf der Zunge lag, ob ihr Gatte Potiphar heiße. So jung, so eitel war ich damals.

›Sie also waren das!‹ sagte sie lachend. ›Beruhigen Sie sich, Ihre Verse sind der Nachwelt nicht verloren, bei mir sind sie gut aufgehoben.‹ Und sie berichtete, daß sie bei ihrem letzten Besuch auf dem Montmartre jenen Zettel aus der Schale mitgenommen habe; der Vierzeiler habe ihr so gefallen.

Tatsächlich brachte sie mir ein paar Tage darauf das Notizblättchen mit meiner vom Regen verwischten Handschrift. Mit seltsamen Gefühlen betrachtete ich meinen längst vergessenen Gruß an Heinrich Heine...

ANSTELLUNG BEIM RUNDFUNK UND HEIRAT

Die Süddeutsche Rundfunk AG, im März 1924 in Stuttgart gegründet, nahm ihr Radioprogramm wenige Wochen später auf – am 11. Mai um 11 Uhr vormittags. Den Stuttgarter Schriftsteller Dr. Alfred Bofinger berief man zum Allein-Vorstand. Seit 1925 residierte der Rundfunk im Deutschen Auslands-Institut (»Haus des Deutschtums«), dem alten Waisenhaus am Charlottenplatz. Freunde empfahlen Eberle den Rundfunkverantwortlichen, die ihn zum 16. Februar 1927 als Lektor einstellten. Später übertrug man ihm die selbständige Leitung der Vortragsabteilung. In dieser Funktion hatte er die eingereichten Sendemanuskripte zu prüfen und mit den jeweiligen Rednern zu verhandeln.

Daneben war Eberle auch »literarischer Mitarbeiter« bei Hörfolgen, bei »Bunten Abenden«, bei Sendungen also mit Wort-

und Musikbeiträgen, mit Dialogszenen und Vortragskünstlern. Hinzu kamen Aufgaben im Bereich der allgemeinen Programmorganisation und -gestaltung oder Beiträge für die Zeitschrift »Südfunk«, etwa zum Thema »Der Rundfunk-Vortrag«.[29] Zudem wirkte er mit bei deutschlandweit ausgestrahlten »Reichssendungen«, aber auch bei Außenübertragungen von Veranstaltungen und Ereignissen, beim sogenannten »Rundfunk von draußen«.

»Ich als Rottenburger hatte mal den Ehrgeiz, meine Vaterstadt Rottenburg mal im Rundfunk zu bringen. Und so nahmen wir die Gelegenheit wahr, den immer sehr farbenprächtigen und schönen Fronleichnamstag als Reportage aufzunehmen, Karlchen Struwe und ich. Der damalige Bischof Sproll stellte uns liebens-

Die Heimatstadt im Rundfunk:
Übertragung der Rottenburger Fronleichnamsprozession;
Eberle links vorne.

35

würdigerweise ein Fenster in seinem Palais zur Verfügung, von dem wir aus den Prozessionszug beobachten konnten. Nun kam also die Prozession zum 4. Altar, dem sogenannten 4. Evangelium, über dem Ochsenplatz, die Autengasse (heute Sprollstraße) herauf. Es war ein glühendheißer Junitag. Und der Bischof hatte unter dem Baldachin die Monstranz getragen in einem schweren, brokatenen Rauchmantel. Gras lag auf den Straßen. Es war also eine ziemliche Anstrengung. Nachher kam der Bischof in sein Palais und traf uns beide noch an und sank ganz ermüdet in einen Sessel. Anteilnehmend fragten wir ihn: ›Aber, Exzellenz, das ist sicher anstrengend, so eine Prozession in diesen schweren Gewändern?‹ Darauf der Bischof: ›Ja, ja, das viert Evangelium, des isch scho schweißtreibend!‹«[30]

Mit seiner Tätigkeit beim Rundfunk hatte Eberle eine sichere und zukunftsträchtige Stellung erreicht. Er konnte jetzt auch ans Heiraten denken. 1928 verlobte er sich mit der vier Jahre jüngeren Else Lemberger, die in einem Stuttgarter Büro arbeitete.

Seine Braut stammte aus Rexingen, einer auf einer Anhöhe unweit der Oberamtsstadt Horb am Neckar gelegenen Gemeinde, die zu den württembergischen Judendörfern zählte. In dem ehemals zum Johanniterorden gehörenden Ort gab es bereits seit dem frühen 17. Jahrhundert eine jüdische Minderheit. Der Vater von Else Lemberger lebte vom Viehhandel wie viele seiner jüdischen Glaubensgenossen, doch gehörte er nicht zu der wohlhabenden Schicht der Rexinger Handelsleute. Allerdings besaß er ein eigenes Wohn- und Ökonomiegebäude auf dem Kapf, in der heutigen Kirchstraße Nr. 29.

Die Eltern, Hermann Lemberger und Sara Landauer, hatten 1904 geheiratet. Else, die Erstgeborene, kam am 15. Oktober 1905 zur Welt. Zwei Jahre später wurde ihre Schwester Käthe geboren, 1908 dann die Jüngste, Felicitas. Auch die Großeltern stammten aus Rexingen. Die Eltern des Vaters waren Samuel Isaak Lemberger (1831-1914) und Elise Levi (1839-1890), die Eltern der Mutter Louis (Ludwig) Landauer (1852-1921) und Klara Fröhlich (1853-1943). Über gemeinsame Vorfahren soll eine verwandtschaftliche Beziehung zu Berthold Auerbach (1812 bis 1882) aus Nordstetten bestehen, der mit seinen eindrücklichen »Schwarzwälder Dorfgeschichten« und seinen Romanen im 19. Jahrhundert einer der meistgelesenen deutschen Schriftsteller war. Die drei Lemberger-Töchter besuchten die jüdische Volksschule bei Samuel Spatz, der von 1905 bis 1933 in Rexingen als Hauptlehrer und Vorsänger wirkte. Als Mädchen erhielt Else keine qualifizierte Ausbildung. Sie lernte Nähen. Während sie später in Stuttgart arbeitete, wanderten ihre beiden jüngeren Schwestern bereits Ende der 1920er Jahre in die Vereinigten Staaten aus.

Ob sich Hermann und Sara Lemberger gegen die geplante Heirat ihrer Tochter mit einem Nicht-Juden gewandt haben, ist nicht bekannt, überliefert ist dagegen freilich, daß sich Eberles Onkel Oskar Entress entschieden gegen die Verbindung aussprach. Wenige Tage vor dem Hochzeitstermin schrieb er am 16. August 1929 an seinen Neffen:

»L. Joseph! Deine Zeilen sind in m. Besitz u. bin ich von denselben nicht erbaut, nicht weil Du heiratest, das finde ich ganz richtig, nur durftest Du keine Braut jüdischen Glaubens nehmen, denn dazu hätten auch Deine verstorbenen Eltern niemals ihre Zustimmung gegeben, das weiß ich bestimmt, u. ich hätte mich verpflichtet Dir solches mitzuteilen, trotzdem Du mich vor eine abgemachte Sache stellst, so daß es ja keinen Wert mehr hat, leider, was ich Dir schreibe. Du hast jede Rücksicht gegen Verwandtschaft u. Tradition bei Seite gelaßen u. so habe ich keinen Anlaß Dir zu einem Besuch nach Rottenburg zu raten, denn Du könntest dabei nur lange Gesichter sehen u. wäre ein Besuch für Dich u. Deine Braut nur peinlich. Muß Dir noch mitteilen, daß dieses auch die Ansicht von Tante Paula ist u. wenn es möglich wäre, muß ich Dir heute noch von Deinem beabsichtigten Schritt abraten, nun wie man sich bettet, so liegt man. Also halte Deine Hochzeit in aller Stille, das rät Dir Dein Onkel Oscar.«[31]

Ungeachtet dieser deutlichen Worte seines früheren Vormunds heirateten Else Lemberger und Josef Eberle wenige Tage vor dessen 28. Geburtstag in Stuttgart, am 3. September 1929. Die Hochzeitsreise führte sie in ein Land, das die Jungvermählten liebten, nach Frankreich, nach Paris. Wenige Wochen später schrieb Eberle in seiner Besprechung des neuen Buchs von Friedrich Sieburg »Gott in Frankreich?«: »...einen Wunsch habe ich, einen ganz privaten...: erhalte dieses herrliche Land noch recht lange in seinem jetzigen Zustand, weil es auf Erden wenigstens *ein* Reservat geben muß, in dem der Mensch das Maß aller Dinge ist, und nicht die Produktion und die Maschine.«[32] Ein anderer Wunsch wurde den Eberles nicht erfüllt – die Ehe blieb kinderlos. Else Eberles Schwestern, die beide in den USA verheiratet waren, bekamen in dieser Zeit jeweils einen Sohn, Käthe 1929 und Felicitas (Liesel) 1930.

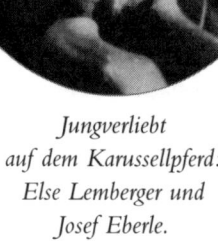

Jungverliebt auf dem Karussellpferd: Else Lemberger und Josef Eberle.

VOM ZEITGEDICHT ZUM SCHWÄBISCHEN

In den Jahren 1929 und 1930 schrieb Eberle nur noch wenige Gedichte und Beiträge für die *Sonntags-Zeitung*. Vielleicht ist die Ursache auch in dem Strafverfahren zu suchen, das gegen ihn wegen der im Mai 1929 veröffentlichten Glosse »Der Holzkopf« eingeleitet wurde. Für seinen Artikel über »die vielfältigen Irrfahrten des göttlichen Dulders Hindenburg«, gemeint war das Denkmal des damaligen Reichspräsidenten auf dem »Platz der Republik«, erhielt Eberle eine Geldstrafe von 50 Mark.[33] Eines seiner letzten publizierten Gedichte jedenfalls ist »Frau Momm«, ein schönes Beispiel für das Zusammenspiel von Glosse, verfaßt von oha-Erich Schairer, und Gedicht von Tyll-Eberle, die beide in der Ausgabe vom 23. März 1930 veröffentlicht wurden.[34]

Frau Momm

Ihr Mann ist in Potsdam Regierungspräsident,
Justizrat ist ihr Herr Schwager,
ihr Schwiegersohn gar ist Ministerialdezernent
aus mächtig feudalem Lager.
Wie Sie sehen, gehört die gute Frau Momm
zu den allerbesten Kreisen.
Die Dame ist überdies kolossal fromm,
so fällt es nicht schwer, zu beweisen,
daß sie das mit dem fraglichen Silbergeschirr
nicht aus gemeinen Motiven gemacht,
sondern weil sie nervös, überreizt und irr …
Eine Strafverfolgung kommt nicht in Betracht.

> Klassenjustiz? Aber erlauben Sie mal!
> Die Dame ist krank und gehört ins Spital.
> Und weil ihr Fall nicht der Tragik entbehrt,
> ist sie unseres höchsten Mitgefühls wert.

Und dann ist da noch der Fall Marie Schmidt,
der lang nicht so interessant ist,
weil nämlich ein einfaches Dienstmädchen mit
so vornehmem Volk nicht verwandt ist.
Im Gegenteil, diese Frauensperson
gehört zu den unteren Schichten.
Im Monat verdient sie dreißig Mark Lohn,
und mit ihr macht man nicht lang Geschichten.
In ihrem Fall heißt es einfach: sie stahl!
Und darauf steht Kittchen im Deutschen Reich.
Für Arm und für Reich, das ist völlig egal,
denn vor dem Gesetz sind wir alle gleich.

> Klassenjustiz? Aber erlauben Sie mal!
> So eine Person! Das ist ein Skandal.
> Klar, daß die da ins Kittchen gehört,
> so eine ist unserer tiefsten Verachtung wert.

Ein knappes Jahr nach der Veröffentlichung dieses »Klassenjustiz-Gedichtes« im bekannten Tyll-Ton und -Stil nahmen ihn seine ehemaligen Kollegen auf die Schippe. In der Fastnachts-Ausgabe (März) 1931 der *Sonntags-Zeitung* findet sich folgende Anzeige:

»Einmaliges Angebot! Da ich der veränderten Umstände halber meinen rationell betrieb. Schriftstellereibetrieb auf echte Heimattöne umgestellt habe, biete ich Interessenten einen größeren Restposten schmissiger Großstadtlyrik (erotisch leicht gefärbt; Fabrikname ›Tüll‹) zu Selbstkostenpreisen an. Bei Abnahme von größeren Quantitäten frei vors Haus. – Eilangebote an Josef Schweinerle, staatl. anerkannter Heimatdichter. Gold. Medaille der landwirtschaftl. Ausstellung Stuttgart 1930.« [35]

»Wie kam nun ein Mann, der sich auf solchen Höhen angesiedelt hatte, zur Mundartdichtung?«. Diese Frage stellte Josef Eberle einmal in bezug auf einen anderen Dichter, der von hochdeutschen Gedichten zu Mundartversen wechselte. Und diese Frage stellt sich auch bei Eberle, der im Krisenjahr 1930 der Weimarer Republik von unbequemen, politisch-satirischen auf »mild-bekömmliche«, schwäbische Verse umsteigt. Im Maiheft 1931 der Monatsschrift *Württemberg* erschien ein frühes Mundartgedicht von Eberle.[36] *Württemberg*-Schriftleiter ist in dieser Zeit August Lämmle, der damals die Volkstum-Abteilung des Landesamts für Denkmalpflege leitete. Hier werden deutlich andere Töne angeschlagen als noch im Falle von »Frau Momm«.

Übermüetig

Juzge möcht i, schreie möcht i,
d Leut mit Bretzete gheie möcht i,
Mit em Huet en d Luft nuf baale,
älle Wieseroi' rabwaale,
schurepurzle, d Stearn rabschla'...
Morom? des ka'i dr selber et sa!

Auch im Programm des Süddeutschen Rundfunks (SDR) trug Eberle seine Gedichte vor, etwa in der Sendung »Schwäbischer Heimatabend« am 3. Januar 1931. Unter dem Thema »Winter im Schwabenland« waren Gedichte von Ludwig Finckh, August Lämmle und Christian Wagner zu hören. »Dazwischen ergötzte die Rundfunkhörer ein mundartlicher Beitrag ›D' Spittelmanne‹. Man sah die hochbetagten abgearbeiteten Greise sich in der Sonne des Spitalgartens wärmen. Man hörte ihre ›angeregte und anregende Unterhaltung‹. ›Ja‹ begann der eine und nach langer Zeit setzt ein anderer der Rede Fluß weiter ›noa‹. Dem Werken und Schaffen physisch und psychisch ganz fern, gehören sie eigentlich schon einer anderen Welt an. Doch wie einer vom Sterben reden will, stößt er allgemein auf ungeahnten Widerstand: ›Sterba ischt 's letscht‹.

Sprache und Ton sprechen uns sofort heimatlich an. Und nun wird uns auch der Autor vorgestellt: ›Es ist unser jüngster Heimatdichter des anwesenden Kreises und hat seine Wiege in Rottweil stehen‹ – nein – eben flüstert er's dem Ansager ins Ohr: Rottenburg ist meine Heimat, ich heiße Josef Eberle. Gleich gibt er uns eine weitere köstliche Probe seines Könnens, in der er ein Rottenburger Original verewigt: ›D'r Karle Hankh‹. (…) Josef Eberle ist feinsinniger Beobachter seiner Typen und weiß ihr Wesen im Ton der Heimatsprache zu malen. Die Kinder seiner Musen dürften einen bleibenden Platz in den Sammlungen unseres Heimatschrifttums zu behaupten wissen.«[37]

Diese Heimatsendung leitete Martin Lang (1883-1955), langjähriger Lektor der Deutschen Verlags-Anstalt, der selbst mit »Gedichten in der Mundart der Rauhen Alb« unter dem Titel »Schbatzaweisheit« hervorgetreten war. Und diese Wortmeldung via Rundfunk – »Rottenburg ist meine Heimat, ich heiße Josef Eberle« wird in der Römer- und Bischofsstadt gerne zur Kenntnis genommen. Freilich war auch Anton Pfeffer, der Redakteur der *Rottenburger Zeitung* erstaunt über Eberles Hinwendung zur Mundart. Er kannte wohl den »Tyll«-Gedichtband nicht: »Vom Standpunkt der jetzigen Berufstätigkeit gesehen, die einen denkbar vielseitigen Stoffkreis berührt, ist es merkwürdig, daß das

41

erste Buch, welches uns Josef Eberle schenken wird, ein Denkmal der Rottenburger Mundart ist.« Und er fährt in seinem Artikel »Josef Eberle, ein Rottenburger Mundartdichter«, der im Dezember 1931 in der heimatkundlichen Beilage »Sülchgauer Scholle« der *Rottenburger Zeitung* erschienen ist, fort:

»Josef Brechenmacher schreibt einmal, die Mundart sei ein Kind der Bodenständigkeit, das im Lärm der Fabriken und der Großstadt verstummt, bei der Umklammerung durch den neuzeitlichen Verkehr erstickt und sich gegenüber dem Andrang vielgestaltiger Bildungsabsichten in sich selber zurückzieht. (…)

Wenn nun Josef Eberle den tausendfältigen Ablenkungen und Einwirkungen von außen zum Trotz zur heimatlichen Mundart greift, um das Tiefste an eigenem Erleben und Erlebtem zu geben, so erscheint diese Tatsache wie eine Gegenwirkung zur Tages- und Berufsarbeit. (…) Die Gedichte zeigen vor allem Klarheit und Anschaulichkeit des Ausdrucks; dabei ist der Ausdruck so knapp wie möglich. Kein Strich zu viel, kein Strich zu wenig! (…) Ein anderes kommt hinzu. Eberle zeichnet und kennzeichnet auch mit dem Ton- und Silbenfall. In seinem Gedichte ›D' Bürgerwach‹ ist eine sprachliche Melodik und Phonetik erzielt, eine solche Sicherheit des Rhythmus, daß der Vers gleichsam marschiert, so wie sich in Rottenburg alles in Bewegung setzt, wenn die Bürgergarde unter klingendem Spiele naht. Nichts von leerer Wortfüllselei! Da geht es Schritt um Schritt und Tritt um Tritt, wie in Detlev von Liliencrons ›Wachtparade‹.«[38]

D' Bürgergard

De'scht e Lebtag, de'scht e Gspaß,
Aelles ist maschugger!
A' de Fea'ster, uf dr Gaß
wuselets vor Gucker.
Auf ihr Leut, ond d Fahne raus:
d' Bürgergard, d' Bürgergard ruckt aus!
(…)[39]

Der Sendeplatz für politische Themen im Rundfunk war das Programm der Vortragsabteilung, dessen »Überparteilichkeit« anhand von vorgegebenen Richtlinien von einem Gremium höherer Beamten überwacht wurde. Punkt 4 dieser »Richtlinien für Vortragsredner« bestimmte: »Die Manuskripte dürfen keinerlei Äußerungen oder Wendungen enthalten, durch welche die Moral, ein religiöses Bekenntnis, eine politische Überzeugung oder die Interessen bestimmter Berufskreise verletzt werden könnten.«[40] Hierzu Eberle selbst, dreißig Jahre später in einem Rundfunkinterview: »Ich hatte wohl das heikelste Ressort außer dem des Intendanten zu verwalten, nämlich die Vortragsabteilung. Es gab damals eine strenge politische Zensur für alle Vorträge und mich hatte man, ich will nicht sagen ›als Bock zum Gärtner‹, aber immerhin zum Zensor gemacht. Ich mußte alle Vorträge durchsehen, ob sie Anstoß erregen könnten bei der oder jener Partei. Und eines Tages meldete sich ein Redner und wollte sprechen mit einem Vortrag. Da er rein politisch war, hab ich den Vortrag abgelehnt, ablehnen müssen, und ihm folgenden Brief geschrieben:

›Sehr geehrter Herr Adolf Hitler! Wir bedauern, von ihrem Angebot, im Süddeutschen Rundfunk einen Vortrag zu halten, keinen Gebrauch machen zu können. Mit vorzüglicher Hochachtung – Süddeutscher Rundfunk, Vortragsabteilung, Josef Eberle.‹«[41]

1932 wurden vom Südfunk-Überwachungsausschuß auch Vorträge von Joseph Goebbels und dem NSDAP-Reichstagsabgeordneten Gregor Straßer (»Nationalsozialismus als Weltanschauung«) abgelehnt. Aufgrund letzterer Entscheidung brachte die NSDAP-Fraktion im Landtag eine große Anfrage ein, die am 1. Dezember 1932 verhandelt wurde. In diesem Zusammenhang glaubte sich Eberle rechtfertigen zu müssen, und er schrieb am 29. Dezember 1932 an Radio-Chef Bofinger:

»... das Protokoll der Landtagssitzung vom Anfang dieses Monats, in der von nationalsozialistischer Seite Angriffe gegen die Personalpolitik des Süddeutschen Rundfunks gerichtet worden sind, zwingt mich dazu, folgendes zu erklären:

Seit fast 6 Jahren habe ich das Vortragslektorat beim Süddeutschen Rundfunk inne. Ich habe mich in dieser langen Zeit stets bemüht, das mir übertragene Amt so loyal im Sinne der gegebenen Richtlinien auszuüben, wie das nur irgend möglich ist. Das Vertrauen, das mir die Süddeutsche Rundfunk AG. mit der Uebertragung dieses in der heutigen Zeit politischer Hochspannungen besonders verantwortungsvollen Postens bisher bewiesen hat, habe ich noch niemals missbraucht. Es dürfte kaum eine andere Sendegesellschaft geben, deren Vortragsprogramm sowohl den überwachenden staatlichen Instanzen, wie der Oeffentlichkeit, so selten Anlass zum Einschreiten und zu politischer Kritik gegeben hat.

Freiwillig erkläre ich dazu noch nebenbei, dass ich noch niemals, auch nicht vor 1928, Mitglied der kommunistischen Partei gewesen bin und es auch heute nicht bin. [42]

Am 30. Januar 1933 ernannte Reichspräsident Hindenburg Adolf Hitler zum Reichskanzler, am 5. März 1933 wurden Reichstagswahlen abgehalten. Nach der Besetzung des Stuttgarter Funkhauses am 8. März 1933 durch die Nationalsozialisten durfte Eberle das Haus nicht mehr betreten.

In einem Schreiben an seinen Chef Dr. Bofinger schilderte er seinen Rauswurf: »Etwa um 10 Uhr betraten zwei SS-Leute mein Büro, erkundigten sich, ob ich Herr Eberle sei, und eröffneten mir, ich müsse den Rundfunk sofort verlassen. Wer ihnen diese Auflage gemacht hat, und welches der Grund dieser Massnahme war, das konnten oder wollten mir die beiden Herren nicht sagen; das würde ich noch erfahren. Irgendein Widerstand gegen die Zumutung, meinen Arbeitsplatz im Stich zu lassen, war bei der Bewaffnung der beiden Herren aussichtslos.«[43]

Und ebenso in einem Brief an Blaich: »Es war ganz unheroisch, und damit die Ironie nicht fehlt: sie liessen mich nicht mal mehr den Titel des Vortrags ganz ausschreiben, den ich eben in das Programm setzen wollte; dabei handelte es sich um einen Nazi-Redner. Im Übrigen sind von meinen Kollegen mit Ausnahme der jüdischen, denen ja nichts anderes übrig blieb, als stark zu blei-

ben, fast alle umgefallen, und die, die jahrelang treue SPD-Ge-
nossen waren, hoben zuerst das Ärmchen hoch. Ich soll froh
sein, nicht auf den Heuberg gekommen zu sein, liessen mir die
neuen Kulturträger am Südfunk ausrichten.«[44]

Außer Eberle wurden zunächst ausgesperrt und später entlassen,
und zwar wegen »jüdischer Abstammung«: Dr. Karl Mayer, seit
1926 Programmleiter, Dr. Erna Levy und Claire Lemberger. Sein
Chef Bofinger, den Eberle um eine rasche Klärung der Angelegenheit gebeten hatte, konnte für seinen langjährigen Mitarbeiter nichts zu tun, im Gegenteil: vom Vorstand des Süddeutschen
Rundfunks wurde Eberle zunächst am 10. März »vom Dienst
beurlaubt«, und am 30. März erfolgte dann die Kündigung »aus
Gründen der politischen Betriebsumstellung« auf Ende Juni 1933.

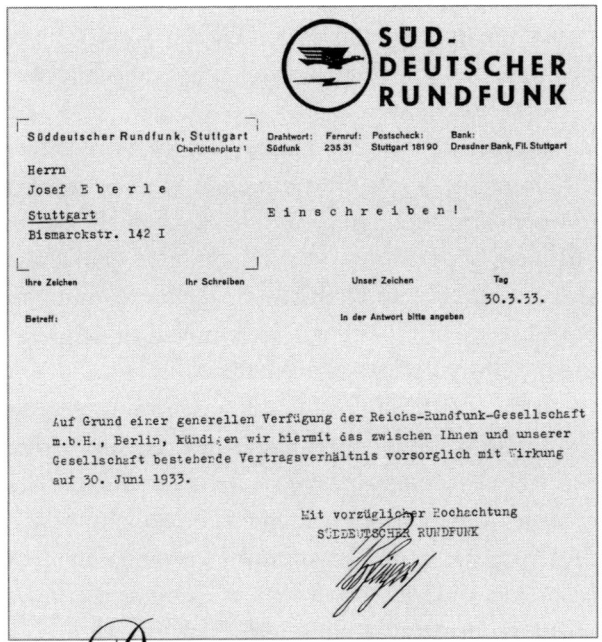

*Der Süddeutsche Rundfunk kündigt Eberle
am 30. März 1933. In seinem Zeugnis
vom 30. Juni wird der Grund genannt:
»politische Betriebsumstellung«.*

Eberle versuchte mit allen Mitteln, gegen seinen Rausschmiß vorzugehen, Anfang April bat er vergeblich um Unterstützung des Betriebsrats. Am 20. April versuchte er es bei den neuen Machthabern und bat den »Staatskommissar beim Süddeutschen Rundfunk«, den »Gaufunkwart« der NSDAP und Kapitän a.D. Paul Lambert Werber, um nochmalige Überprüfung seiner Angelegenheit:

»Ich weiss, dass man mich auf Grund meiner vor fünf Jahren veröffentlichten und meist schon viel früher geschriebenen politisch-satirischen Gedichte beschuldigt, Kommunist zu sein. Ja, dass man sogar, entgegen meiner mehrfach abgegebenen eidesstattlichen Versicherung, von mir behauptet, ich sei Mitglied der Kommunistischen Partei oder es gewesen. Verzeihen Sie, sehr geehrter Herr Staatskommissar, wenn ich sage, dass dies eine Unwahrheit ist, eine Unwahrheit auch dann, wenn es, wie mir angedeutet wurde, in den Polizei-Akten stehen sollte. Im Übrigen kann ich mir denken, was in diesen Akten über mich steht: dass ich vor ein paar Jahren einen Prozeß wegen Pressebeleidigung gehabt, dass ich Besucher des längst entschlafenen Weltbühne-Leserkreises gewesen, dass ich einmal vor Vagabunden Landstrassengedichte von Hermann Hesse vorgetragen, und vielleicht einmal in der Aufführung eines Stückes von Friedrich Wolf gewesen bin. Mehr und Anderes kann nicht darinstehen, und all das liegt Jahre zurück. (...) Ich bin kein Nationalsozialist. Ich sage das, weil [ich] als Deutscher jegliches Konjunkturrittertum zutiefst verachte. National zu empfinden jedoch, ist für mich eine Selbstverständlichkeit, über die grosse Worte zu machen ich für überflüssig halte. Meine schwäbischen Gedichte legen für meine Verbundenheit mit dem Volk und meine Liebe zur Heimat besser Zeugnis ab als pathetische Worte.«[45]

Auch diese Intervention half nichts, vielleicht bewirkte sie sogar eher Gegenteiliges. Als Südfunk-Vorstand Alfred Bofinger unterm 30. Juni 1933 Eberle in seinem Zeugnis u.a. bescheinigte, daß dieser »mit der von ihm geleiteten Programmsparte reichen Beifall bei Hörern und Presse gefunden«[46] hat, war der ehemalige Südfunk-Mitarbeiter schon längst nicht mehr in Stuttgart, sondern wie viele Württemberger aus dem linken Spektrum im KZ Heuberg.

Mit der »Verordnung zum Schutz von Volk und Staat«, die Reichspräsident Hindenburg nach dem Reichstagsbrand vom 27. Februar 1933 erließ, wurden die Grundrechte der Weimarer Verfassung aufgehoben, die Strafbestimmungen verschärft und die sogenannte Schutzhaft eingeführt. Vor allem politische Gegner, Kommunisten und Sozialdemokraten, kamen »in Schutzhaft«. Die Gefängnisse waren durch die Massenverhaftungen bald überfüllt. Im März 1933 wurde auf dem Gelände einer ehemaligen Kaserne auf dem Heuberg bei Stetten a. k. M. ein Konzentrationslager eingerichtet, in dem bis zu seiner Auflösung

Nummer 88.	Samstag, den 15. April 1933.	Seite 8.

Besuch im Schutzhaft=Lager Heuberg

Politische Gefangene hinter Stacheldraht / 2000 Marxisten in den Häusern der Heuberg-Stadt / Das Leben im Lager

Bilder vom Konzentrationslager Heuberg: SA.-Posten bewachen die Lager der Heubergstadt, in deren Straßen sich ein buntes Leben abspielt

*Das KZ Heuberg in der Rottenburger Zeitung
vom 15. April 1933 mit der zynischen Bildunterschrift:
»SA-Posten bewachen die Lager der Heubergstadt,
in deren Straßen sich ein buntes Leben abspielt«.*

Ende 1933 Tausende von politischen Häftlingen wochen- oder monatelang eingesperrt wurden.

In diesen brisanten Tagen fanden auch bei Eberles immer wieder Hausdurchsuchungen und Verhöre statt. Dabei wurden auch Teile seiner Bibliothek beschlagnahmt, darunter Bände von Maxim Gorki, Thomas Mann, Heinrich Heine, Heinrich Mann und Kurt Tucholsky. Seinem Freund Blaich-Dr. Owlglass schilderte Eberle mit Brief vom 8. Mai 1933 seine Lage:

Das erste Exemplar seiner »Kugelfuhr« erhält Eberle im KZ Heuberg.

»... obwohl ich seit Wochen mehr freie Zeit habe, als mir lieb ist, habe ich natürlich gar keine, und deshalb komme ich erst heute dazu, Ihnen für Ihren lieben Brief recht herzlich zu danken. Ich habe mich umso ehrlicher darüber gefreut, als daß ich in der letzten Zeit mehr Allzumenschliches als Menschliches erlebt habe. Ich habe mir jedoch angewöhnt, die charakterlichen und anderen Umfälle meiner Mitmenschen unter dem Gesichtswinkel der Futterkrippe, sozusagen als Zoologe zu betrachten.

(...) Ich wollte Ihnen längst schreiben und mich vor allem für Ihre Gedichte bedanken, habe es aber immer wieder hinausgeschoben, da ich hoffte, mich nach dem Grundsatz ›Wie du mir, so ich dir‹ revanchieren zu können und Ihnen meine ›Kugelfuhr‹ zu übersenden. Der Silberburg-Verlag bringt sie nämlich heraus, allerdings unter dem Pseudonym ›Sebastian Blau‹, da er nicht wagt, seinen bisher recht gebliebenen Verlag mit dem Namen eines so gefährlichen Burschen zu belasten. Auch ein Beitrag zum neudeutschen Kapitel Zivilcourage! (...) Martin Lang ist ja noch immer am Rundfunk, und er wird sicher wieder einmal gerne etwas von Ihnen bringen. Also kommen Sie, und seien Sie inzwischen nochmals herzlichst bedankt für Ihre trostreichen Worte am Rundfunkgrabe Ihres in ehrlichem Kampf gefallenen Josef Eberle / Tyll†.«[47]

Wenige Tage nach diesem Brief wurde er verhaftet und war ab Mitte Mai im KZ Heuberg eingesperrt.

Verzweifelt versuchte Else Eberle ihren Mann frei zu bekommen. In einer Eingabe vom 2. Juni 1933 schrieb sie, »dass mein Mann seine politischsatyrische (sic!) Betätigung spätestens seit dem Jahre 1929 eingestellt und sich vollständig auf schwäbische Heimatdichtung umgestellt hat.«[48] Das »Schutzhaftlager« war auch der Ort, an dem Eberle sein erstes Exemplar der »Kugelfuhr« mit Gedichten wie »D Bürgerwach«, »Vom Karle Hanck« oder »Dr Gesangverei'« erhalten hat. Dorthin hatte es ihm seine Frau geschickt, zusammen mit einem kostbar gebundenen französischen Klassiker, der allerdings bei Eberle nicht ankam.

Am Pfingstsamstag, dem 5. Juni 1933, wird die »Kugelfuhr« in der *Rottenburger Zeitung* beinahe begeistert besprochen, besonders die Gedichte »Hoamet«, »Wenter« und »Sülchen« werden hervorgehoben. Und der Rezensent resümiert zur Person des Dichters, der trotz seines neuen Pseudonyms – »Zwar nennt er sich ›Sebastian Blau‹. Aber man *kennt* die Handschrift dieses Sebastian Blau!« – gleich erkannt wird : »Joseph Eberle will mehr als nur Verse schmieden; er hat die Sendung, zum Wohltäter an seinen Mitmenschen und Heimatgenossen zu werden vermöge der Gabe, uns froh zu stimmen, die Dinge, das Leben wieder leichter sehen und nehmen zu lassen. In der Tat, unser Dichter zwingt den Leser in seinen Bann. Er läßt die Rottenburger Heimat neu sehen, neu schätzen und lieben.«[49]

Und der *Rottenburger Zeitung*-Redakteur A. Pfeffer schrieb über die »Kugelfuhr«:

»Jedenfalls ist diese Mundart echter und unverfälschter Rottenburger Klang. Das ist die Mundart, die just unter dem Himmelstrich zwischen Heuberg und Rammert gedeiht und vom Plon bis zum Wurmlinger Berg. Diese Mundart ist etwas herb und derb, aber frisch und ungeschminkt; sie ist volkhaft und vollautig. An ihr formten, bis sie dieser Art Kraft und Gestaltungsdrang in Josef Eberle gewann, all die Rottenburger Straßen, Gassen und Winkel, von denen man keinen missen möchte, alle Häuser klein und groß, alles was darinnen gesprochen, gehört, erlebt und erlitten wurde. (…) Wir sind überzeugt, daß das Büchlein ›Kugel-

fuhr‹ in unserer Stadt dasselbe Heimatrecht erwerben wird, wie
es ihr geistiger Vater besitzt.«[50]

Im Lager Heuberg traf Eberle auch einige Freunde und Bekannte, so den Tübinger Kommunisten Will Hanns Hebsacker,
der bereits seit dem 11. April eingesperrt war. Eberles Haft dauerte bis Ende Juni, Hebsacker wurde erst am 7. August 1933 entlassen. Hebsacker nach dem Krieg: »Das war noch eine Zeit, als
Du mir auf dem Scheisshaus von Bau 39 Deine neuesten Gedichte vorgelesen hast!«[51] Zu den Gedichten, die Eberle hier auf
der Rauhen Alb geschrieben hat, gehört »Dr Schäfer«.

SEBASTIAN BLAU IN REXINGEN

Nach der Entlassung stand Eberle, gerade 32 Jahre alt, vor dem
beruflichen Nichts. Durch seine Schutzhaft verlor Eberle alle
Aussichten auf eine Tätigkeit in seinem früheren Arbeitsbereich,
der jetzt, wie das ganze öffentliche Leben, von den Nazis kon-
trolliert wurde. Er verließ die Großstadt Stuttgart mit ihren
380 000 Einwohnern und ihrem einst pulsierenden Kulturleben
und ging aufs Land, allerdings nicht nach Rottenburg, sondern
nach Rexingen. Mit seiner Frau zog er im Sommer 1933 zu
deren jüdischen Eltern. Zu Beginn der 1930er Jahre befanden
sich unter den 930 Einwohnern Rexingens 262 Juden, die zwar
wie die meisten Juden auf dem Lande vor allem Viehhändler,
einige auch Textilhändler waren, jedoch beinahe alle eine kleine
Nebenerwerbslandwirtschaft betrieben.

Wie aber war Eberles Einstellung zu den schwäbischen Land-
juden? Hinweise hierzu finden sich in seiner Einleitung zu einem
Buch mit Geschichten und Anekdoten des jüdischen Dichters
und Erzählers Jacob Picard (1883-1967), der aus Wangen am
Bodensee stammte und in die USA emigrierte.

»Fromm aber sind sie gewesen, diese ländlichen Juden, und
hätte Frömmigkeit bei manchen auch nur in äußerlicher Beobachtung der religiösen Vorschriften bestanden. Im übrigen
glichen sie in diesem Festhalten am Ererbten völlig ihren nicht-
jüdischen dörflichen Mitbürgern: mit dem religiösen Herkom-

men brechen, hieß sich selber ausschließen aus der Gemeinschaft. Wer auf dem Land hätte so was auf sich nehmen wollen? Und eben deshalb hatte man beiderseits Achtung voreinander, tolerierte einander nicht nur, sondern nahm an den großen Tagen und Begehungen gegenseitig nachbarlichen Anteil.«[52]

Eberle schreibt in seiner Einleitung auch von der jüdischen Wohltätigkeit, von den Fest- und Feiertagen, wohl aus eigener – Rexinger – Anschauung: »Natürlich gab es auch Arme. Gerade an ihnen aber bewährte sich eine der schönsten, beispielhaften Eigenschaften der ländlichen ›Kehilla‹: ihre Wohltätigkeit, die frei von Demütigung für die Empfänger war und keinen darben ließ. (…) Wer je einen Seder-Abend an Pessach oder auch nur einen Erew-Schabbes in einem jüdischen Haus miterlebt hat, wird sich mit Ergriffenheit der patriarchalischen Würde und der schlichten Feierlichkeit erinnern, womit der ›pater familias‹ über den Wein im silbernen Kiddisch-Becher den hebräischen Segensspruch hersagte.«[53]

Josef Eberle in Rexingen. Hier schreibt er als Sebastian Blau etliche seiner bekannten schwäbischen Gedichte.

In seiner Rexinger Zeit, die von Sommer 1933 bis Frühjahr 1936 dauerte, versuchte Eberle sich eine Existenz als freier Schriftsteller aufzubauen, mit Büchern wie »Feierobed« (1934) oder »Gold am Pazifik« (1935). In diesem spannenden (Jugend-) Roman erzählt er die Geschichte vom märchenhaften Aufstieg und Untergang des Schweizer Abenteurers Sutter nach 1839, zur Zeit des »Goldrausches« in Kalifornien. Auch hielt Eberle sich von November 1933 bis März 1934 erneut in Frankreich auf. Der Grund: »Literaturstudium für ein Buch«.

In Rexingen verfaßte Eberle weitere schwäbische Gedichte.

Hier entstanden beispielsweise der »Johrmärkt« oder das »Weggentaler Kripple«. Der zweite Sebastian-Blau-Gedichtband enthält die bekannten Gedichte »Dr Necker«, »Hoahzich«, »Noch Johr ond Tag« und »St. Nepomuk«[55].

Noch Johr ond Tag ...

Descht ebbes Gspäßigs, kennst des ao:
noch Johr ond Tag vor Fremde rei'
mol wieder en dr Hoamet sei' –
ond doch noh Jomer hao' ...?

s stoht älles noh am alte' Fleck,
ma' lauft dur d Stroße' wia em Troom,
kennt jedes Haus ond jedes Eck
ond jeden Zwetschge'boom.

Ond en dr Märkgaß a' me' Haus
blüahts älleweil noh raot ond blo –
nao s Mädle gucket nemme raus,
des wohnt scheints nemme do ...

Do denkts vo' selber en oam zruck
ond s konnt aom zmol so vor, als sei
dr Kirche'tuun ond Neckerbruck
frühr viel, viel graößer gsei'.

Ond s Städle sag iatz gege' frühr
statt »du« uf oamol »Sie« zu oam,
ond manchmol – o do isch oam schier,
as sei ma'-n-et dehoam ...

O Leut, des ist e' bsonders Waih:
dehoam sei' ond doch Jomer hao' –
ma sott halt nomohl vierzeah' sei',
noh täts velleicht vergaoh'.

St. Nepomuk
16. Mai.

En Raote'burg a'r Ontre' Bruck
do stoht dr Heilig Nepomuk.
– Komm, so pressant hosts ete',
mr wend gschwend zua-n-ehm bette':

»O Heiliger Sankt Nepomuk,
bewahr me ao vor Schade'
beim schwemme'-n-ond beim bade'.
Gib uf de' Necker aacht ond guck,
daß dren koa' Ga's ond Geit versauft,
ond daß r jo et überlauft,
et daß r
mit seim Wasser
de' Weag en d Stadt ond d Häuser nemmt
ond ao's de' Wei' em Kear romschwemmt.
O Heiliger Sankt Nepomuk,
do tätest aos en baöse' Duck!
Ond loht se halt
mit äller Gwalt
s Hochwasser et verklemme',
noh fang mit überschwemme'
– i bitt de drom, o gueter Ma' –
e' bißle weiter donne' a':
dia Goge' nemmets et so gnau,
en deane ihren saure' Wei'
därf wohl e' bißle Wasser nei'
– ond evangelisch send se ao…«[55]

Seine Mundartgedichte trug Eberle auch auf Leseabenden, etwa
bei einem »Schwäbischen Abend der Volkshochschule Stuttgart«
im März 1935, vor. Bald war der Sebastian Blau, Eberles anderes,
sein schwäbisches Ich, ein bekannter und populärer Autor –
doch nicht jeder in der Mundartszenerie wußte, wer hinter dieser Maske steckte. So ging es dem Schauspieler Willy Reichert

(1896–1973), populär als Pfleiderer des Gespanns Häberle (Oscar Heiler) und Pfleiderer. Reichert schrieb am 28. Januar 1936 an Eberle:

»Also ich hab mich so aufrichtig gefreut, als ich vor ein paar Tagen von Dr. Bofinger hörte, dass Sebastian Blau und Sie ..., ich hatte keine Ahnung davon, wollte mich aber schon lang mit Blau in Verbindung setzen, und ihn bitten, mir ein paar Volkslieder zu schreiben! Nun kann ich ja Ihnen mein Anliegen vortragen. Sie kennen ja meine Art, so kleine schwäbische Volkslieder, die Musik ist ja das Wenigste. Denken Sie doch bitte daran. Ich bin ja jetzt wieder auf ein halbes Jahr weg von hier, aber im Herbst brauche ich dringend Material. Sie sind der Einzige, der so was kann. Dann wollte ich Herrn Blau auch bitten, seine Gedichte hier im Theater und auch auf Tournee sprechen zu dürfen, was sich dann hoffentlich auf den Absatz Ihrer Bücher auswirken wird. Geradezu kindisch begeistert bin ich von: Laufet Kender, holet Schträuss …! Nun zu Häberle und Pfleiderer. Ich habe dem Konzertbüro Auftrag gegeben, Ihnen Photos zu schicken, ausserdem lege ich 2 Karikaturen aus unserem Programm bei zur beliebigen Verwendung. Sodele, nun hoffe ich im Lauf des nächsten halben Jahres von Ihnen zu hören …«[56]

„So, so, Herr Pfleiderer!"
„Ja, ja, Herr Häberle..."
(Helmut Muehle)

Aus: »Schwäbisch«, 1936.

Die schwäbischen Gedichte des Sebastian Blau regten auch andere Autoren an, Dialektgedichte zu schreiben, so Eberles Freund, den Schriftsteller und Müllermeister Paul Schmid (1895–1977) aus Sulz am Neckar. So entstand im Sommer 1936 eine Sammlung schwäbischer – und hochdeutscher – Gedichte, die er übrigens Willy Reichert widmete. Der Titel der Sammlung, die Schmid unter dem Pseudonym »Peter Strick« veröffentlichte, lautet »Starker Tubak. Lyrische Schwabenstreiche«

54

und bezieht sich direkt auf einen Vers aus der »Kugelfuhr«: »Do, Männle, nemms, des ghaört etz dei', / mei ganzer Gruust und Plonder. / So, moast, s wär starker Tubak sei'? / Narr, s hot ao feine' dronter!«. Das Sebastian Blau dezidierte Exemplar, das sich im Literaturarchiv Marbach befindet, trägt die Widmung: »Erfülle ich mit diesem Büchlein / Deinen kritischen Wunsch? Oft steckt ein Erdengerüchlein / Nicht nur im Wein, auch im Punsch.«

In dieser Zeit kam auch Sebastian Blaus neuestes Werk auf den Markt, der Band »Schwäbisch«. Dieser erschien in der Buchreihe des Münchner Piper-Verlages »Was nicht im Wörterbuch steht, Band VI« und war ausgestattet mit Zeichnungen von Freunden und Bekannten des Autors, von Alfred Hugendubel, Helmut Muehle, Reinhold Nägele, Martin Piper, Alfred Reder und Willy Widmann. Den Auftrag zu diesem schwäbischen Standard-Werk hatte Eberle durch die Vermittlung seines Freundes Hans Erich Blaich erhalten, von daher die Widmung: Dr. Owlglaß, dem Dichter und Landsmann, dem Wiederentdecker Sebastian Sailers. Unter dem Titel »Ob denn die Schwaben nicht auch Leut wären...?« ist dieser Blau-Band noch immer auf dem Markt. Als er vor 65 Jahren, im Sommer 1936, zum ersten Mal mit seinem damals knallgelben Schutzumschlag erschien, hatte sein Autor bereits Schreibverbot.

SCHREIB- UND BERUFSVERBOT

Seit Ende 1933 bestand für sämtliche Kulturschaffende die Pflicht zur Mitgliedschaft in der Reichskulturkammer, die dem Propagandaministerium von Joseph Goebbels unterstand. Nach der »Machtergreifung« unterstanden alle Publikationen der Kontrolle der Reichsschrifttumskammer, deren Landesleiter für Württemberg und Hohenzollern der Gaukulturwart Dr. jur. Georg Schmückle wurde. Der Verfasser von Dramen und historischen Romanen war später übrigens auch Leiter des Schiller-Nationalmuseums in Marbach.

Um als freier Schriftsteller veröffentlichen zu können, gehörte

Eberle seit Frühjahr 1934 der Reichsschrifttumskammer an, allerdings nur zwei Jahre lang. Am 25. März 1936 wurde der »Schriftsteller Josef Eberle, Pseudonym Sebastian Blau (…) mit sofortiger Wirkung aus der Reichsschrifttumskammer gemäss § 10 der ersten Verordnung zur Durchführung des Reichskulturkammergesetzes vom 1.11.33 (R.G.Bl.I, S.797) ausgeschlossen, da er nicht geeignet ist, durch schriftstellerische Veröffentlichungen auf die geistige und kulturelle Gestaltung der Nation Einfluss zu nehmen.

Durch vorstehenden Ausschluss wird Eberle in der Folge jegliche Veröffentlichung schriftstellerischer Arbeiten im Geltungsbereich der Reichsschrifttumskammer untersagt. Zur Abwicklung evtl. bestehender Verträge wird ihm eine Frist bis zum 1. Juni 1936 bewilligt.

Die im Besitz des Eberle befindlichen Ausweise sind binnen 14 Tagen der Reichsschrifttumskammer zurückzusenden.«[57]

Das bedeutete Schreib- und damit Berufsverbot für Eberle, der seinen Freund Blaich/Owlglass unverzüglich über die neue Situation informierte:

»Damit ist meine bescheidene Existenz, die ich mir mit Mühe und ohne Anstoss zu erregen, aufzubauen versucht habe, futsch. Zum zweiten Mal innerhalb von drei Jahren stehe ich nun wieder vor der dunklen Frage: was nun? (…) Ueber die Gründe weiss ich nichts. Aus Andeutungen, die mir meine Stuttgarter Freunde, die zum Teil mit den massgebenden Leuten verkehren, gemacht haben, kann ich aber entnehmen, dass ich offenbar mit meinen Sachen für das Gefühl mancher Leute zu bekannt geworden bin. So soll ein ›bedeutender‹ Dialektdichter (der mich übrigens schätzte und zu fördern vorgab, solang niemand meinen Namen kannte) der wenn auch nicht ausgesprochenen Meinung sein, dass von zwei Dialektdichtern einer zu viel sei. Aus solchen und ähnlichen Aeusserungen (dass ich ›sogar‹ bei Juden wohne, als ob ich das freiwillig täte!) entnehme ich, dass jeder Versuch, den Ausschluss rückgängig zu machen, aussichtslos sein würde, abgesehen davon, dass unter diesen Umständen mein literarischer Ehrgeiz auf den Nullpunkt gesunken ist. Es muss ja nicht geschrieben sein! Was ich allerdings jetzt anfange, ist mir noch nicht ganz klar; ich will versuchen, irgendwo irgendeine Anstellung zu bekommen, obwohl das bei meinem Talent, Beziehungen *nicht* anzuknüpfen, die ich einst hätte anknüpfen können, nicht so ganz einfach sein wird. (…)

Es kann sein, dass mich mein Schwiegervater, der oft in Ihre Gegend kommt, in nächster Zeit mal mitnimmt; dann werde ich so frei sein, und Sie besuchen. Ganz beiläufig: sollten Sie von meinem Schutzengel als Werkzeug erkoren werden, nämlich insofern,

---

Der **Präsident** der
Reichsschrifttumskammer

II D - 5500/2

Berlin W 8, den 1.September 1937.
Haus Friedrichstadt
Friedrichstraße 194/199
A 1 Jäger 3043/44

Herrn
Josef E b e r l e
Rexingen b/Horb am Neckar
Im Kapf .

    Die gegen meinen Beschluß vom 25.März 1936 eingelegte Beschwerde hat dem Herrn Präsidenten der Reichskulturkammer zur Entscheidung vorgelegen.
    Mit Bescheid vom 21.Juli 1937 = 518/3376 = hat der Herr Präsident der Reichskulturkammer meinen Ausschluß-Bescheid vom 25.März 1936 bestätigt.
    Ich weise Sie darauf hin, daß Ihnen hiermit im Zuständigkeitsbereich meiner Kammer jegliche schriftstellerische Tätigkeit untersagt ist. Zuwiderhandlungen können nach § 28 der Ersten Durchführungsverordnung zum Reichskulturkammergesetz vom 1.11.33 mit Ordnungsstrafen geahndet werden.

                    In Auftrage:

*D*er Präsident der Reichsschrifttumskammer bestätigt 1937
   das am 25. März 1936 verhängte Schreibverbot.

als Sie zufällig irgendwo hören, dass ein junger Mann gesucht wird – ich meine das wirklich so: zufällig, ohne dass Sie sich Mühe machen – so wäre ich Ihnen für Mitteilung dankbar.«[58]

Eberle legte am 4. April 1936 umgehend beim Präsidenten der Reichsschrifttumskammer in Berlin Beschwerde gegen den Beschluß ein. Eine Antwort ließ allerdings auf sich warten: Mit Bescheid vom 21. Juli 1937 bestätigte der Präsident der Reichskulturkammer den Ausschluß-Bescheid der Reichsschrifttumskammer, was Eberle schließlich am 1. September 1937 mitgeteilt wurde.

Bereits wenige Wochen nach dem Ausschluß aus der Reichsschrifttumskammer hatte Eberle eine Beschäftigung gefunden. Er arbeitete seit dem 1. Mai 1936 als Angestellter beim amerikanischen Konsulat in Stuttgart, das damals von Generalkonsul Samuel W. Honaker geleitet wurde. Das Ehepaar Eberle übersiedelte von Rexingen wieder in die württembergische Metropole, nach Stuttgart-Süd, in den Sandweg 7. Auch in dieser Zeit, in der die Eberles im Sommer 1937 eine Reise nach Italien unternehmen konnten, hatten die NS-Sicherheitskräfte

Die jüdischen Schwiegereltern Hermann und Sara Lemberger verlassen 1939 den Heimatort Rexingen und emigrieren in die USA.

zeitweise ein wachsames Auge auf den Konsulatsbediensteten –
so im Zusammenhang mit der Verhaftung von Erich Schairer
und dem Rechtsanwalt Richard Schmid (1899-1986) aus Sulz,
einem Bruder des Autors Paul Schmid, am 21. November
1938. In der Anzeige der Stuttgart Gestapo gegen Richard
Schmid vom 11. Februar 1939 tauchte auch der Name Eberle
auf: »... Eberle hat auch in der früher von Dr. Schairer herausgegebenen Sonntagszeitung öfters Artikel geschrieben. Teilweise waren diese auch gegen die Polizei gerichtet. Eberle hat
sich auch literarisch betätigt und dabei den Namen Sebastian
Blau geführt ...«[59]

Am 9./10. November 1938 brannten in Deutschland die Syn-
agogen. Auch das jüdische Gotteshaus in Rexingen wurde ange-
zündet, das Innere zerstört, aber durch den Einsatz der Feuerwehr
konnte das Gebäude als solches gerettet werden. Und auch jüdische Männer aus Rexingen wurden verhaftet und zeitweise in ein
KZ verschleppt. Für eine Auswanderung war es höchste Zeit.
   Bereits im Frühjahr 1938 war eine Gruppe, zumeist jüngere
Frauen und Männer, in das britische Mandatsgebiet Palästina
ausgewandert und hatten dort die Genossenschafts-Siedlung
Shavei Zion nördlich von Akko gegründet. Die Eltern von Else
Eberle, bereits um 60 Jahre alt, schlossen sich nicht dieser Gruppe
an. Hermann und Sara Lemberger verkauften ihr Haus und ver-
ließen ihren Heimatort am 14. März 1939. Sie gingen zu ihren
Töchtern nach Chicago. Die betagte Klara Landauer, Elses Großmutter mütterlicherseits, machte die Reise nicht mit und kam
am 6. September 1939 in das jüdische Altersheim Eschenau.
   Es gab auch Versuche von Else und Josef Eberle, Deutschland
zu verlassen. Beide reisten im Jahr 1939 nach Portugal, wo sich
Eberle um eine Stellung beim amerikanischen Konsulat bewarb –
allerdings vergeblich.
   Mit dem Angriff deutscher Truppen auf Polen am 1. September 1939 begann der Zweite Weltkrieg. Eberle wurde allerdings während des gesamten Krieges nicht eingezogen. Er war
vom Militärdienst dauernd zurückgestellt, da er mit einer Jüdin
verheiratet war.

1939, kurz vor dem Beginn des Zweiten Weltkriegs, mußte die
Rottenburger Zeitung ihr Erscheinen einstellen. Als einzige Zei-
tung im neuen Kreis Tübingen, zu der die Bischofsstadt seit
1938 zählte, existierte jetzt die parteiamtliche *Tübinger Chronik*.
Druckerei- und kaufmännischer Leiter der Zeitung war Hans
Stoeger, der sich nebenbei auch als Verleger betätigte. So war im
»Alemannen-Verlag Hans Stoeger« 1936 August Lämmles Buch
»Schwäbisches und Allzuschwäbisches« erschienen.

Will Hanns Hebsacker hatte seinen Freund Eberle mit Stoeger
in Verbindung gebracht. Dieser riet Eberle im Juli 1938, ein Rottenburger Heimatbuch zu verfassen.[60] Durch den Kontakt zur
Chronik konnte Eberle – trotz des offiziellen Verbots – immer
wieder heimatkundliche Beiträge in der Zeitung veröffentlichen,
freilich ohne Verfasserangabe, z.B. »Des Ferdinand Entress, weiland Gold- und Silberarbeiters in Rottenburg, Arbeitsbuch
erzählt« (14. Juni 1941) oder »Liebe kleine Bissula – Ob es wohl
eine Rottenburgerin war, die der kaiserlich-römische Hofdich-
ter Ausonius besang?« (21. Juni 1941). Das Autorenhonorar ließ
sich Stoeger bar auszahlen und leitete es an den Autor weiter.

Im Sommer 1941 verlor Eberle seinen Arbeitsplatz bei den
Amerikanern: Das US-Konsulat wurde zum 31. Juli geschlossen.
Über seine neue Situation berichtete Eberle am 8. August sei-
nem Freund Blaich nach München:

»… meine Trockenbrotgeber sind heimgekehrt und dadurch
bin ich also zur Zeit stellungslos, das heisst aber keineswegs: ohne
Arbeit! Denn ich bin zur Zeit fleissiger als je, freilich in ganz
anderer Art, als auf dem Konsulat. Mein Schutzengel, oder wie
ichs heissen soll, hat mir nämlich kurz vor Torschluss einen
Auftrag vermittelt, der sich mit einem alten, lieben, eigenen Plan
deckt: ich soll nämlich ein Heimatbuch meiner Vaterstadt schreiben! Die Ausnahme-Erlaubnis wurde von der interessierten
Stelle – es ist die Leitung der NS-Presse in Tübingen – in Berlin
eingeholt und von dort auch zugesagt – bis jetzt wenigstens
mündlich. So sitze ich nun Tag für Tag am Schreibtisch oder in

THE FOREIGN SERVICE
OF THE
UNITED STATES OF AMERICA

DEPARTMENT OF STATE

AMERICAN CONSULATE

Stuttgart, June 30, 1941.

Mr. Josef Eberle,
Stuttgart.

Dear Mr. Eberle:

The American Embassy at Berlin has instructed this
Consulate to release all employees whose services are
no longer needed. The Embassy has also instructed the
Consulate to consider the services of all employees as
terminating effective after certain periods of time
depending upon the circumstances in each individual case.

The records of the Consulate show that you were
employed here on May 1, 1936, and that you have been
continuously employed at this Consulate since that date.

In view of the circumstances in your case and the
conditions prescribed by the American Embassy in Berlin,
your services at this Consulate will be considered as
terminating at the close of business on July 30, 1941.

The Accounting Section will pay you to-day your
salary and allowance covering loss due to appreciation
of foreign currencies up to and including July 30, 1941.
Appropriate receipts are attached hereto for signature
when receiving your salary.

Sincerely yours,

Edmund J. Dorsz
American Consul

Enclosure:
Receipt.

*Zum 30. Juli 1941 wird
das Stuttgarter US-Konsulat geschlossen
und Eberle entlassen.*

Bibliotheken und Archiven, stöbere in alten Papieren und
Urkunden und habe dabei ein grosses Vergnügen. Aus diesem
Grund war ich auch längere Zeit in Rottenburg. (...) Wegen des
Worts ›Heimatbuch‹ wollen Sie bitte nicht erschrecken, es wird
ganz bestimmt etwas anderes, als man sich, dank den sonst mit
solchen Langweiligkeiten sich abgebenden Schulmeistern, darunter vorstellt. (...)

Die Angelegenheit sollte aber vorerst noch nicht bekannt
werden, schon um zu vermeiden, dass gewisse Leute meinen

zur Zeit so beschwingten Schritt mit dazwischengeworfenen Knüppeln hemmen...

Ich habe mich gefreut, zu hören, dass Sie selber etliche Manuskripte fertig haben, hoffentlich kriegt der Verleger bald das nötige Papier. Daran kann es ja jetzt nicht mehr fehlen, wenn wir den ganzen russischen Wald erobern! Mich hat man dazu bis jetzt noch nicht gebraucht, wahrscheinlich, weil ich höchstens einen eingekleideten Zivilisten abgeben würde. (...)

Als kleine Kostprobe lege ich Ihnen meine ›Niedernauer Idylle‹ bei; vielleicht macht sie Ihnen als altem ›Tübinger Studenten‹ Spass!« [61]

Seine in diesen Stuttgarter Sommertagen 1941 entstandene »Niedernauer Idylle« hielt Eberle für »etwas ganz Besonderes« – und er lieferte auch gleich eine Anweisung hinzu: »Beim Vortrag dieses Gedichts im gehobenen Schwäbisch der Gebildeten befleißige man sich des reinsten Hochdeutsch, dessen ein Schwabe fähig ist.« Am 8. August sandte Eberle die »Niedernauer Idylle« nicht nur zu Hans-Erich Blaich nach München, sondern auch seinem Verleger Hans Stoeger nach Tübingen mit folgenden Begleitzeilen:

»Vielleicht darf ich ein paar Worte dazu sagen: zuerst zum

Privatdruck 1941

»Gehet mr über de Wittichblick, Babbe, oder durch d'Dölle?
D' Frau Notar verschneidet debei de knusprige Brate –
's gibt wie immer Kalbsbrust am Sonntag, und hausgmachte Nudle.
»Ueber de Wittichblick«, sagt der Notar, »auf zwei hab e's ausgmacht.
Drecklet net rum mit Spüle' und Aziehe, machet euch fertig!
Kerle, und du, du nimmst de fei zsamme und bist mr net vorlaut«,
sagt er zum Karl, seim Bube. Freilich, beim Mariele braucht es solche
    Ermahnonge net, denn 's Mariele geht scho in d'Tanzstund.
»Heut ist Tanz auf em Rase«, ruft se ganz pfupferig, »Mamme,
hast mr mei Himmelblaus bügelt? 's Himmelblau gfallt em am beste.«

Stofflichen: Niedernau hat für ältere Rottenburger und auch Tübinger einen eigenen Klang, eben den, den ich hier als Erinnerung anzuschlagen versucht habe, nämlich Sommer, Sonne, Ausflug, Studenten, Tanz und harmlose Spießerhaftigkeit. Aus diesem Grund wollte ich das Kapitel ›Niedernau‹ für das Buch mehr als erinnerungshafte Impression fassen, denn als kulturgeschichtliche Skizze. Zur Form: da es sich um Gebildete oder doch solche, die sich dafür hielten, handelt, habe ich das sogenannte ›Honoratioren-Schwäbisch‹ literaturfähig zu machen versucht; bisher wurde diese durchwachsene hochdeutsch-mundartliche Sprache außer von Friedrich Theodor Vischer in seinem Lustspiel ‚Nicht I a‘ vollkommen vernachläßigt, dabei ist sie für die Darstellung kleinstädtischer Personen und Verhältnisse die gegebene und nicht ohne Reiz. Ganz von selber ergab sich dabei die Hexameterform, ebenfalls eine Form von und für Gebildete, die als strenge, klassische Versform im Kontrast zum banalen, spießigen Inhalt eben den Reiz der komischen Idylle ausmacht…«[62]

Eberle überarbeitete immer wieder seine Gedichte, er feilte an jeder Zeile – auch die »Niedernauer Idylle« ist dafür ein Beispiel. Dies verdeutlicht ein Vergleich der Fassung, die als Manu-

Rottenburger Hauspostille 1946

»Gehet mr über d Altstadt, Babbe, oder durch d Dölle?«
D Frau Notar verschneidet dabei de' knusprige Brate' –
Kalbsbrust gibts, wie immer am Sonntag, und hausgmachte Nudle'.
»Über d Altstadt«, sagt der Notar, »auf zwei habes ausgmacht.
Drecklet net rum mit Spüle' und A'ziah', machet euch fertig!
Kerle, und du, du nimmst de fei' zsamme und bist mr net vorlaut!«
s gilt em Karl, seim Bube'; freilich beim Mariele braucht es solche
    Ermahnunge' net, denn s Mariele geht scho' in d Tanzstund.
»Mamme'«, ruft se und pfupferet ganz, »s ist Tanz auf em Rase' -
hast mr mei' Hellblaus bügelt? s Hellblau gfallt em am beste' …«

skript »für seine Freunde« bei der *Chronik* 1941 gedruckt werden konnte und die Version, wie sie in der »Rottenburger Hauspostille« 1946 erschien.

Bis zum Beginn seiner Tätigkeit als Korrespondent und Bibliothekar der Württembergischen Feuerversicherung Stuttgart im April 1942 arbeitete Eberle vor allem an der »Hauspostille«, von der immer wieder Kapitel in der Zeitung erscheinen konnten, die nicht nur in Rottenburg gern gelesen wurden, Beiträge wie »Ein berühmter Landsmann: Hartmann von Aue (Obernau)« (18. Oktober 1941), »Erinnerungen an den Tübinger Grammatiker Moriz Rapp mit ›dene süaße, weiche Na'satö‹...« (6. Dezember 1941), »Ein berühmter Drucker als Schwabe festgestellt: Der Inkunabeldrucker Konrad Baumgarten – ein Rottenburger« (14. November 1942).

Eberle schloß am 8. Oktober 1942 mit Hans Stoeger einen Vertrag über die Herausgabe der »Rottenburger Hauspostille«. In einem Brief an seinen Verleger formulierte der Verfasser seinen Anspruch an das Buch:

»Die Kunst des Schreibens besteht nicht im wahllosen Wiedergeben des Stoffes, sondern darin, das gesammelte Material zu sieben und zu sichten, es in Zusammenhänge hineinzustellen, in denen es einer höheren Idee als nur der Neugier dienen muß, und es in eine ansprechende, ihm gemäße Form zu bringen...

Konkret gesprochen: unser Buch soll sich an alle wenden, die Sinn für bodenständige Tradition, für Geschichtliches, für Volkskundliches besitzen, kurz, die ihre Heimat lieben; es soll ihnen an Hand des geschichtlichen Werdens ihr eigenes Wesen deutlich gemacht und an tausend Einzelheiten gezeigt werden, wie sehr sie mit der Vergangenheit verknüpft sind, und daß das große Erbe der Vergangenheit den Gegenwärtigen eine Verpflichtung für die Zukunft auferlegt. Und da den heutigen Menschen nichts mehr anspricht als Bilder, habe ich die Form möglichst lebendiger, anschaulicher Einzeldarstellungen gewählt, die jeden, der überhaupt ein Organ für die Individualität einer Stadt besitzt, interessieren können. (...) Es ist und wird kein Reiseführer und soll es auch nicht sein, deshalb halte ich die Hereinnahme von ›Stimmungswinkeln‹ und solchem kleinbürgerlichen Krampf, auf den die photographiebesessenen Neutöner als dernier cri verfallen – als ob dies nicht der billigste und platteste aller Illustrationswege wäre! – für falsch.«[63]

Trotz aller Bemühungen des Verlegers konnte die »Rottenburger Hauspostille« während des Krieges nicht mehr erscheinen.

In diesen Tagen benutzte Eberle, der zeitlebens gerne rauchte, seine Gedichtkunst auch für ganz andere, für profane Zwecke. Er sandte Frau Nesch, die in Rottenburg gegenüber seinem Elternhaus einen Laden besaß, am 4. November 1942 ein »Bittgedicht«[64] (siehe Seite 66).

Im Gegensatz zur »Hauspostille« konnte 1943 ein Gedichtband von Josef Eberle erscheinen, nicht anonym, nicht unter Pseudonym, sondern unter der vollen Nennung seines Namens. Der »Rottenburger Bilderbogen« wurde in diesem Jahr von seiner Heimatstadt mit der Widmung »*Ihren Soldaten als Gruß der Heimat die Stadt Rottenburg*« herausgegeben. Das Büchlein mit 20 Gedichten von Josef Eberle war mit Aufnahmen des Fotografen Adolf Lazi illustriert. Die Gedichte waren zuvor als Serie in der *Tübinger Chronik* erschienen, wie das Gedicht »Blick vom Turm« – andere Überschrift: »Heimkehr« –, das am zweiten Weihnachtstag des Jahres 1942 entstand. In der *Chronik* wurde es am 19. Februar 1943 veröffentlicht, hier allerdings ohne Autorenangabe, wie bei allen anderen Gedichten.

Aus dem »Rottenburger Bilderbogen« von 1943: Blick vom Domturm auf Sülchen und Wurmlinger Kapelle.

Verzeihen Sie, meine liebe Frau Nesch,
das ungereimte gereimte Gewäsch
eines Armen, der ganz auf dem Hund is,
und lauschen Sie seinem Schrei »De profundis«!
Der Mensch lebt nicht allein vom Brot;
schlimmer als Durst oder Hungersnot
(die ihn nebenbei auch noch schlauchen!),
ist es, sofern man nichts hat zum Rauchen
Besonders, wenn man die schwere Kunst, ...
sich selbst und Anderen blauen Dunst
vorzumachen, berufsmässig treibt,
indem man als Dichter Bücher schreibt! –
In dieser, offen gesagt, beschissenen Lage
verbringe ich meine trübseligen Tage.
Drum helfen Sie mir, Sie können mich retten!
Womit? Natürlich mit Zigaretten!
Ich rauche alles, was rauchbar ist,
wenn's nicht grad getrockneter Pferdemist,
am liebsten »Golddollar«, »North-State« und so,
doch bin ich auch an Anderem geradeso froh.
Ich hoffe, Sie nehmen's, verehrte Frau,
im Punkt der Punkte nicht so genau...

Möge mein Notschrei an Ihrem Busen ruhen
(ich wünschte, ich wär dazu selber im Stand!)

Auf dass Sie mit gütiger, fraulicher Hand
mir alsbald ein Päckchen zusammenschnüren!
Der Himmel, so bete ich, mög's Ihnen lohnen...
Im Übrigen möcht' ich natürlich betonen:
Den Betrag erhalten Sie gleich nach Empfang,
desgleichen den Rest meiner Raucherkarte...
Indem ich des Kommenden sehnsuchtsbang
entgegen harre und tabaklos warte,

begrüsse ich Sie, im Voraus dankend
und zwischen Hoffen und Bangen schwankend,
als Ihr, Ihnen von jeher, verehrte Frau,
in Freundschaft ergebener
                              Sebastian Blau

Die württembergischen Juden wurden 1941 und 1942 in die Vernichtungslager im Osten deportiert. Else Eberle, die in einer sogenannten privilegierten Mischehe lebte, war davon nicht betroffen. Freilich, die Bedrohung, die Angst nahm zu. So erhielt Else Eberle im April 1944 die Nachricht, daß ihre Großmutter Klara Landauer, die im August 1942 in das KZ Theresienstadt deportiert worden war, dort am 28. Juni 1943 gestorben war.

In den letzten Kriegsmonaten versteckten sich Else und Josef Eberle an immer wieder wechselnden Orten, auch bei Freunden und Bekannten in Rottenburg. Eine Rottenburger Zeitzeugin berichtet später, »daß Frau Eberle während des Krieges eine Zeitlang Unterschlupf gefunden hatte in ihrem Haus. Ein unglücklicher Zufall aber hatte es so gewollt, daß der Kreisleiter

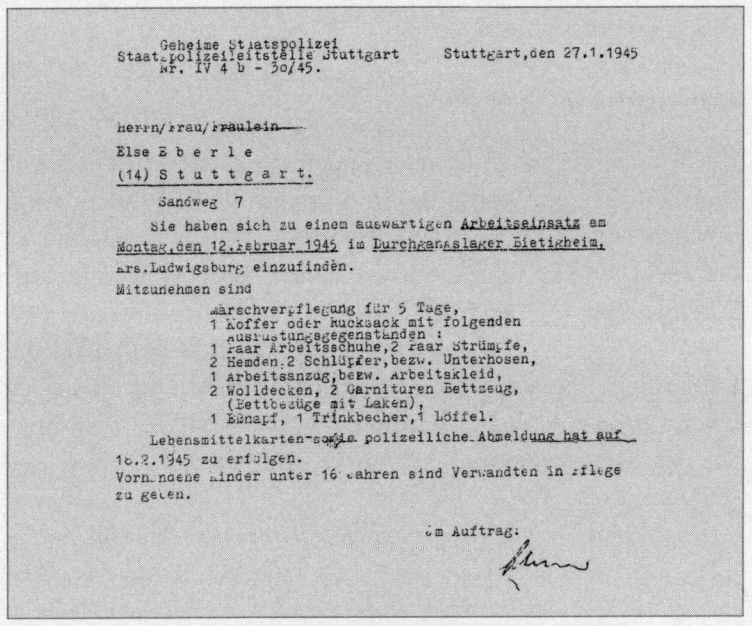

27. Januar 1945:
Die Gestapo fordert Else Eberle zum
»auswärtigen Arbeitseinsatz« auf.

Schumacher aus Reutlingen, der ein ›hundertfünfzigprozentiger Nazi‹ war, seine Schwiegertochter bei Fliegeralarm ebenfalls in ihren Keller evakuierte. Daraufhin hatte Frau Eberle dann das Haus verlassen, um ihre Rottenburger Gastfamilie nicht in Gefahr zu bringen.«[65]

Am 27. Januar 1945, dem Tag, an dem sowjetische Truppen bereits das KZ Auschwitz befreiten, wurde Else Eberle von der Stuttgarter Gestapo zu einem »auswärtigen Arbeitseinsatz« in das Durchgangslager Bietigheim einbestellt, für den nur die notwendigste Kleidung, Eßgeschirr sowie Marschverpflegung für fünf Tage mitzunehmen waren. Diese Aufforderung war jedoch der Deckname für die letzte Deportation in das Konzentrationslager Theresienstadt für sogenannte Mischehepartner und »Mischlinge« am 12. Februar 1945. Else Eberle gelang es, sich dieser Anordnung zu entziehen. In den letzten Kriegstagen nächtigte das Ehepaar im Gepäckraum einer kleinen Station im Rotwildpark.

RADIO ODER ZEITUNG?

Der Einmarsch französischer Truppen am 21. April 1945 beendete den Zweiten Weltkrieg für Stuttgart, die Kapitulation am 8. Mai brachte das offizielle Ende der NS-Diktatur. Für Josef und vor allem für Else Eberle war der braune Terror vorbei. Wenige Wochen hatten in der württembergischen Hauptstadt die Franzosen das Sagen, am 8. Juli ging Stuttgart an die amerikanische Militärregierung über. Der unbelastete Eberle und ehemalige US-Konsulatsmitarbeiter wurde bei Radio Stuttgart, dem Sender der Militärregierung, gebraucht, der seit dem 3. Juni ausstrahlte.

»Josef Eberle war in den ersten Wochen für die Amerikaner als Übersetzer und als Programmberater tätig. Verdienste erwarb er sich speziell bei der Einführung der ersten schwäbischen Heimatsendung. Wie Eschwege (ein damaliger Rundfunkmitarbeiter, d. V.) berichtet, hat sich Eberle in seiner Rolle als Übersetzer nicht wohl gefühlt, den ‚Schreibergsell‘ wollte er nicht länger spielen, soll er gesagt haben.(...) Es gibt aber Belege dafür, daß er in beratender Funktion weiterhin in Fragen des Rundfunks den Amerikanern zur Verfügung stand...«[66]

Für Radio und Presse war die Information Control Division (ICD) der amerikanischen Militärregierung zuständig, die für die Umgestaltung und Kontrolle des Medien- und Kulturbereichs verantwortlich zeichnete.[67] Zu den Stuttgarter ICD-Offizieren gehörten der in der Stadt aufgewachsene William J. Sailer und der aus Wien stammende John H. Boxer. Ein besonders wichtiger Programmpunkt der amerikanischen Besatzungspolitik war die Schaffung einer freien, unabhängigen Presse – frei vor allem von nationalsozialistischen Einflüssen. Um dies zu erreichen, ordneten die Amerikaner einerseits die Schließung aller Buch- und Zeitungsverlage an – so gab es bis zum Herbst keine Zeitung –, andererseits erfolgte die Neuzulassung von Zeitungen und Zeitschriften im Rahmen eines streng reglementierten Lizenzverfahrens. Lizenzträger konnte nur werden, wer seine antinationalsozialistische Gesinnung nachweisen konnte, wobei eine Zeitung immer nur von einem Lizenzträger-Kollegium herausgegeben werden konnte.

In Nordwürttemberg-Nordbaden war die Heidelberger *Rhein-Neckar-Zeitung* die erste zugelassene Zeitung; sie erschien ab dem 5. September 1945. Zu deren Lizenzträgern gehörte der Journalist und frühere Reichstagsabgeordnete Theodor Heuss. Als zweites Lizenzblatt genehmigten die Amerikaner die *Stuttgarter Zeitung*. Der ICD-Offizier Sailer erinnerte sich später an ein Gespräch mit Josef Eberle, in dem dieser mitteilte, »Radio Stuttgart habe ihm ein sehr günstiges Angebot gemacht und er sei geneigt, dieses Angebot anzunehmen, er müsse also die schon zugesicherte, aber noch nicht erteilte Lizenz für eine Zeitung ablehnen. Für uns war dieses Gespräch ein ganz neues Erlebnis, denn viele bewarben sich damals um eine solche Lizenz...«[68]

Am 17. September 1945 wurden Dr. Karl Ackermann (1908 bis 1996), Konsul a.D. Henry Bernhard (1896-1960) und Josef Eberle von der amerikanischen Militärregierung in einer Feierstunde im Tagblatt-Turm als Lizenzträger und Herausgeber der *Stuttgarter Zeitung* eingesetzt. Eberle, obwohl zeitlebens parteilos, wurde von der SPD als ihr Repräsentant im Herausgebergremium akzeptiert, der einstige Stresemann-Sekretär Bernhard stand für die DVP, der frühere Landessekretär der »Roten Hilfe« und KZ-Häftling Ackermann für die KPD. Im Namen der Lizenzträger sprach Eberle:

»Das Reich der Lüge und des Schreckens besteht nicht mehr! Eines der erfreulichsten Zeichen dafür ist der Anlass, der uns heute hier zusammengeführt hat: Wir wohnen der Geburtsstunde der Stuttgarter Zeitung bei, der ersten von Deutschen für Deutsche geschriebenen unabhängigen Zeitung im amerikanisch besetzten Württemberg.

Die Stuttgarter stehen Schlange für ihre neue Zeitung. Am 17. September 1945 war die Rotationsmaschine im Tagblatt-Turmhaus zur Herstellung der ersten Ausgabe in Betrieb genommen worden (auf dem Foto S. 71 rechts Josef Eberle).

Es mag für uns Deutsche beschämend sein, dass wir unsere geistige Freiheit nicht im Kampf gegen ihre Unterdrücker errungen haben, sondern dass wir die Möglichkeit der Meinungsäusserung heute als Besiegte aus der Hand des Siegers wie ein Geschenk empfangen. Unsere Freude darüber aber, dass wir mit der Herausgabe der Stuttgarter Zeitung einen bedeutungsvollen Schritt tun zur Wiedererlangung der Freiheit des Denkens und des Wortes, ist deshalb kaum geringer. (…) Wir wissen wohl: Die Freiheit muss gelernt werden. Wir wissen auch, dass die Gefahr, nach 12jähriger Entwöhnung die schmale Grenze zu verkennen, nicht gering ist. Aber wie soll einer schwimmen lernen, der nicht ins Wasser geht?

Das grosse Vertrauen, das Sie mit der Aushändigung der Lizenzurkunde in uns setzten, nehmen wir als hohe Ehre, noch mehr aber als eine Aufgabe, die wir täglich neu zu lösen haben, wenn wir dieses Vertrauen rechtfertigen wollen. Wir können dafür nicht besser danken, als mit dem feierlichen Versprechen, unsere ganze Kraft und allen unseren guten Willen einzusetzen, dass die Stuttgarter Zeitung eine gute Zeitung werde, eine Zeitung, die den demokratischen Idealen der Wahrheit, der Gerechtigkeit, der Menschlichkeit und dem Frieden dient – zur Wohlfahrt und zur Ehre unserer geliebten schwäbischen Heimat, zum Nutzen und zur Freude aller Leser.«

In der ersten Ausgabe der *Stuttgarter Zeitung* vom 18. September 1945 formulierte Eberle den Anspruch der demokratisch orientierten Zeitung unter dem Titel »Sieg des Geistes!«:

»(…) Wir haben guten Willen, Mut und Zuversicht zu diesem schweren Werk. Vor allem haben wir das wichtigste, ohne das der Geist nicht bestehen kann, wiedergewonnen! Unsere Freiheit. Anknüpfend an die große

Tradition unseres geistigen Lebens, wollen wir die Rangordnung der Werte wieder aufrichten und ihre zwar besudelten, aber unvergänglichen Ideale zur Richtschnur nehmen auf dem Weg zu unserem besseren Selbst. Freiheit, Gerechtigkeit, Menschlichkeit, Duldsamkeit, Selbstachtung und Achtung des Mitmenschen, Ehrfurcht vor Gott und vor dem Leben sollen uns keine bespöttelten Phrasen mehr sein, sondern bedeutungsvolle Gesetze, deren Erfüllung den Menschen erst zum Menschen macht und ihm seine Würde verleiht. Dann wird auch der in sträflichem Wahnsinn künstlich geschaffene Zwiespalt zwischen Deutsch-sein und Mensch-sein sich schließen, und dann werden wir den andern nicht mehr unverständlich sein, so wenig wie sie uns.

Was wir zu unserem Teil in der Zeitung dazu beitragen können, wollen wir tun. Wir dienen, besonders in ihrem kulturellen Teil, den höchsten Äußerungen des Geistes der Dichtung, Kunst, Musik und Wissenschaft. Aber auch sie sind nicht Selbstzweck. Auch sie dienen, und zwar dem hohen Ziel der Menschenformung durch Befruchtung und Steigerung der geistigen und seelischen Kräfte. Im Bewußtsein unserer Verantwortung und im Glauben an die geistige Wiedergeburt unseres Volkes wollen wir Brücken schlagen zurück in die Zeit unserer großen Geister und hinaus, über alles jetzt noch Trennende hinweg, zu den anderen Völkern der Welt.

Es liegt an uns allen, und nur an uns, ob wir Besiegte von heute uns morgen zu den Siegern zählen dürfen, zu den Siegern des Geistes über Barbarei, Rechtlosigkeit und Gewalt.«

In der ersten Beilage »Die Brücke zur Welt« erscheinen bereits Gedichte: zum einen, als Reverenz an die Amerikaner, eines von Walt Whitmann, zum anderen eines von Eberles altem Freund Dr. Owlglass.

Zum Gedenktag für die »Opfer des Faschismus« am 25. November 1945 rückte Eberle ein eigenes Gedicht in die Zeitung, ein eindrückliches Gedicht, das am gleichen Tag auch im Tübinger *Schwäbischen Tagblatt* abgedruckt wurde und wenige Wochen später auch im *Neuen Deutschland* erschien[69]:

Die Toten an die Lebenden

Ihr habt es nicht gewußt, was uns geschehen?
So hoch war nicht der Lagerzaun, so stumm
das Sterben nicht, daß unser Hilfeflehen
im Knall der Schüsse mußte untergehen ...
Ihr habt es nicht gewußt – warum? warum?

Ihr hörtet nicht den Schrei der Todeskammern,
der welterschütternd bis zum Himmel stieg,
der Kinder Wimmern und der Alten Jammern,
mit dem sich Sterbende ans Leben klammern -
ihr hörtet nichts, ihr brülltet Heil! und Sieg!

Ihr sahet nicht die Berge unsrer Leichen
und nicht der Öfen himmelhohe Glut?
Den Hunger nicht und nicht die Angst der bleichen
Gesichter und der Leiber Folterzeichen -
ihr saht bewundernd nur den Gesslerhut.

Ihr rocht auch nicht den Brandgeruch der Essen,
denn eure Sinne waren abgestumpft.
Und rühmtet ihr euch nicht – habt ihr's vergessen? -
des Herzens Härte am Kristall zu messen?
Ihr habt ihn – wir sind Zeugen – übertrumpft.

Ihr wußtet nichts. Laßt uns den Streit beenden:
Es sei! Wir führen nicht wie Krämer Buch.
Die Zukunft aber liegt in euren Händen,
an euch ist's, unser Leid zum Glück zu wenden -
wir spenden beides: Segen oder Fluch ...
J.E.

Die Herausgeberkonstellation der ersten Stunde konnte sich gerade ein Jahr halten. Dann wurden die »Karten« neu gemischt, die Veränderung erfolgte zum 17. September 1946 unter der Aufsicht des Press Control Officers Herbert Gauerke. Henry Bernhard wurde Chefredakteur der *Stuttgarter Nachrichten*, des neu gegründeten zweiten Blattes der Hauptstadt von Württemberg-Baden. Dr. Karl Ackermann ging als Verleger zum *Mannheimer Morgen*. Nur Eberle blieb. Als neue Lizenzträger kamen der Jurist Franz Karl Maier (1910-1984) und Dr. Erich Schairer.

Der aus Stuttgart stammende Maier, der auch Vorsitzender der Spruchkammer war, blieb bis 1950 bei der *Zeitung* und wechselte dann als Herausgeber zum Berliner *Tagesspiegel*. Schairer, der einst Eberles Talent entdeckt und ihn für die *Sonntags-Zeitung* verpflichtet hatte, war nach Kriegsende zunächst beim *Schwäbischen Tagblatt* in Tübingen. Nach Schairers Ausscheiden 1954 war Eberle bis 1971 allein »geschäftsführender Herausgeber« der Zeitung, allerdings nicht immer alleiniger Leiter der Redaktion. Zumeist mehr dem Feuilleton zugewandt, nahm er doch auch in Kommentaren zu brisanten Fragen der Zeit eindeutig Stellung, etwa zum Thema nationalsozialistische Vergangenheitsbewältigung wie 1956 im Falle des Adenauer-Staatssekretärs Globke, 1935 Kommentator der Nürnberger Rassegesetze, den er ultimativ zum Rücktritt aufforderte.[70]

Eberle mit dem Extrablatt zur Annahme der Verfassung von Württemberg-Baden am 25. November 1946.

NICHT MEHR SCHWÄBISCH

Eberle, der während des Krieges vor allem für die Schublade gearbeitet hatte, konnte in den unmittelbaren Nachkriegsjahren endlich seine Werke erstmals erscheinen oder nachdrucken lassen:»Die schwäbischen Gedichte des Sebastian Blau«, mit Gedichten aus »Kugelfuhr« und »Feierobed«; die »Rottenburger Hauspostille«, von Theodor Heuss als »in seiner Art vollendetes Buch« gelobt; »Das goldene Tor«, die Neuauflage seiner Kalifornien-Erzählung von 1935, die hübsche Bilder-Fahrt durchs Schwabenländle »Wir reisen« oder der immer wieder nachgedruckte Weihnachtsklassiker »s Wegge'taler Kripple«. Sein langjähriger Lektor bei der Deutschen Verlags-Anstalt, Felix Berner, hielt fest: »Seine Mundartgedichte, gleich nach Kriegsende von seinen Landsleuten wie ein Geschenk empfangen, wurden Volksgut.«[71] Und Else Eberle, 1949 gefragt nach der schönsten Zeit mit ihren Mann, antwortete: »... das war damals, als er in zerbombten Städten aus seinen Dichtungen las und die Menschen für ein paar Stunden froh machte. Weil ich auch dabei saß und nicht klaschte wie die andern, guckten mich die Hörer stets verwundert an. Ja, dies war die schönste Zeit, für mich und für ihn!«[72]

Dennoch: nach Kriegsende verfaßte er zwar zeitkritische Verse unter dem Pseudonym Peter Squenz, oft kongenial verbunden mit Karikaturen von Fritz Meinhard (»Fischle«), doch er schrieb keine schwäbischen Mundartgedichte mehr. »Ich hätte selbstverständlich weitermachen können, und zwar – die Form war mir geläufig, aber ich glaubte, die Welt sei ausgeschöpft, die ich in meinen Gedichten darstellen wollte. Ich hätte mich wiederholen können; sie wären formal vielleicht sogar noch besser geworden, aber sie hätten nicht mehr die Ursprünglichkeit gehabt wie die andern, und da hab ich aufgehört.«[73]

*Fritz Meinhard (»Fischle«) illustrierte viele zeitkritische
Texte Josef Eberles mit seinen Karikaturen.
Am 12. Februar legte er einen »Entwurf zur
Restaurierung der Eberhards-Gruppe in den Stuttgarter
Anlagen« vor. Karikatur vom 12. Februar 1949.*

So verfaßte er auch das Gedicht »Zum 25. März 1948«, zum 80. Geburtstag seines Onkels Oskar Entress, nicht in Rottenburger Mundart:

Zum 25. März 1948

»Wie ein Eremit in seiner Klause
Lebst Du in der Wüste dieser ≠Zeit
Altgeworden in dem alten Hause
Fern der Welt und ihrer Eitelkeit.

Mögen alle Teufel aus der Hölle
Auf die Erde losgelassen sein -
Über Deines Hauses stille Schwelle
Wagt sich der Geschwänzte nicht hinein.

Du hast Umgang mit ganz andern Geistern,
Geistern, die die kunstgeübte Hand
Und der fromme Sinn von alten Meistern
Vormals in den toten Stoff gebannt.

Andern leblos, nichts als eine Sache,
Stumme Zeichen nur des schönen Scheins,
Anvertraun sie Dir in ihrer Sprache
Das Geheimnis ihres wahren Seins.

Deinen Schlaf bewachen Engelputten,
Und das Jesusknäblein, rosig-frisch,
Spielt im Zimmer neben Heiligenkutten,
Und die Zwölfe segnen Deinen Tisch.

Ihre Häupter, hingeneigt im matten
Goldglanz ihrer Kronen, ganz Gefühl;
Der Gewänderfalten tiefe Schatten;
Ihrer Hände frommbewegtes Spiel

Streichelst Du beglückt mit Aug' und Händen –
Beter stehn nicht andachtsvoller da!
Doch der innere Glanz, den sie versenden,
Stimmt Dein Herz zu hellem Gloria.

Dir wird hier der Himmel schon lebendig;
Alle Heiligen samt der Engelschar
Jubeln: nur das Schöne ist beständig,
Nur das Unvergängliche ist wahr.

Im Vergänglichen der Welt hienieden
Das Beständige ahnungsvoll zu schaun -
Dieses höchste Glück war Dir beschieden,
Und es soll Dich lange erbaun.«

Drei Jahre später versammelte sich am 25. März, dem Oster-sonntag des Jahres 1951, eine große Trauergesellschaft auf dem Rottenburger Sülchen-Friedhof, um Oskar Entress das letzte Geleit zu geben. Er war am 22. März verstorben, wenige Tage vor seinem 83. Geburtstag.

Oskar Entress, der bis zu seinem Tode im angestammten Haus am Marktplatz lebte, war eine geachtete Persönlichkeit in Rot-tenburg – und er war der letzte Goldschmied und Antiquitäten-händler aus der traditionsreichen Goldarbeiter-Familie. Seine

Werkstatt hatte Entress bereits im Februar 1938 dem Stuttgarter Schloßmuseum überlassen, wo sie die Fährnisse des Zweiten Weltkrieges leider nicht überstanden hat. Bereits wenige Monate nach seinem Tod, am 5. und 6. Juni 1951, wurde die Kunstsammlung von Oskar Entress öffentlich versteigert, von der Lokalzeitung bedauert: »217 Bilder waren in 120 Posten zusammengefaßt. Schade, daß auch die zahlreichen Landschaftsbilder mit Motiven aus Rottenburgs Umgebung meist nach auswärts kamen.«[75] Wertvolle Stücke aus seiner Zinnsammlung gingen allerdings als Stiftung an die Stadt Rottenburg.

Das Entress'sche Haus am Marktplatz, das Geburtshaus von Josef Eberle, fiel bald den Zeitläuften zum Opfer, es wurde abgerissen. Heute steht dort die Kreissparkasse. Lediglich eine barocke Madonna erinnert an den Vorgängerbau.

Nach dem Tod von
Eberles Onkel Oskar Entress
wird dessen Kunstsammlung
(hier ein Blick in sein Wohnzimmer)
in alle Winde zerstreut.

Als Chef der *Stuttgarter Zeitung* konnte sich Eberle auch einen ganz persönlichen Traum erfüllen: den Traum vom Reisen in fremde Länder. Er liebte seit jeher das Reisen, um nicht zu sagen das Vagantische: »Huat ab vor dene Karraleut« heißt es in »D Soaltänzere«. Zum Thema schrieb er einmal: »Reisen und reisen ist zweierlei. So wie ein Goethe, ein Uhland, ein Gregorovius gereist sind, auf so gemächliche und beschauliche Art

Mit Fritz Meinhards spitzer Feder: Josef Eberle in Amerika.

zu reisen, ist uns Heutigen nicht mehr gegeben.«[76] Allerdings genoß er es sichtlich, im September 1948 über den Nordatlantik für einige Wochen in die USA zu fliegen. Auf Vorschlag von William J. Sailer gehörten Eberle und Dolf Sternberger zu den ersten deutschen Journalisten, die in die USA eingeladen wurden. Die Einladung erfolgte vom American Press Institute der New Yorker Columbia University, auf Anregung des Universiäts-Präsidenten General Dwight D. Eisenhower. Seine »Eindrücke – Beobachtungen – Erlebnisse« publizierte Eberle zunächst in der Wochenendbeilage »Die Brücke zur Welt« unter bezeichnenden Überschriften wie »New York und ich« (27. November 1948). Die gesammelten Beiträge erschienen 1949 als »Reise nach Amerika«, dem ersten Band der Reihe »Kleine Turmhausbücher«. Den Aufenthalt in USA nutzte Eberle auch, um »The windy City«, die Stadt Chicago, zu besuchen. Dort lebten seine Schwägerinnen und seit 1939 auch seine Schwiegereltern Sara und Hermann Lemberger.

Im Jahre 1951, nach dem Tod seiner Frau, kam Hermann Lemberger zurück nach Deutschland. Das Sich-Eingewöhnen in der fremdsprachigen, in der amerikanischen Umwelt scheint ihm nicht gelungen zu sein. Der frühere Viehhändler, jetzt 73 Jahre alt, wollte jedoch nicht mehr nach Rexingen. Er wohnte zunächst in Stuttgart, später lebte er in einem Altersheim in Trossingen. Hermann Lemberger starb am 21. April 1961 in Rottweil. Auf dem alten, 1760 angelegten jüdischen Friedhof in seinem Heimatort Rexingen fand er seine letzte Ruhestätte. Er wurde dort am 24. April 1961 beigesetzt, als letzter in der letzten Grabreihe. Eberle widmete ihm das Gedicht »Ultimus – Der Letzte«, das am 13. Mai 1961 in der *Stuttgarter Zeitung* erschien – in Deutsch und Latein. Im folgenden Jahr, am 17. August 1962, wurde es auch in der deutschsprachigen New Yorker Zeitung *Aufbau* veröffentlicht.[77]

Der Letzte

Sie haben einen Achtzigjährigen begraben
in dem schwäbischen Dorf, in dessen Schutz
die Seinen viele Jahrhunderte lang gelebt hatten
bis sie von rohem Haß vertrieben wurden.

Er kehrte zurück nach den babylonischen Jahren
von heftigem Heimweh getrieben
er kehrte zurück, vergangene Zeiten zu suchen
mittellos und als Greis und fast Unbekannter.

Vergebens suchte er nach Verwandten und Freunden
nach dem Sabbatabend, der wortreichen Schule.
Was er draußen so lange entbehrt
das suchte er vergebens: Ruhe und Frieden.

Er fand nur dieses Plätzchen
zwischen den verwilderten Gräbern der Vorfahren
denen der Herr gnädig zu sterben vergönnt
vor der Tyrannei der Verfolger.

Obwohl dieser Wald genügend
Platz böte für alle aus Davids Geschlecht
ist schon seit langem keiner mehr zur Ruhe gegangen
an diesem der Ruhe geweihten Ort.

Die Vertriebenen finden in ihren neuen Vaterländern
eine weniger drückende Erde
und schon gar nicht bedürfen dieses Bodens
jene, die man in Asche aufgehen ließ und in Rauch ...

Dieser aber wird der heimischen Erde zurückgegeben
unter denselben dunklen Schwarzwaldtannen
die schon die Wiege des Kindes umschattet haben
wie sie das Grab des Vaters beschatten.

Hier ruht der letzte Jude des Dorfes.
Bald wird Gebüsch seinen Stein bedecken.
Und doch wird sein Grab nicht vergessen werden:
denn mehr als dieser Greis liegt hier begraben...

DER MÄCEN FÜR SCHWÄBISCHE DINGE

Josef Eberle, der einmal als einer der wichtigsten Förderer des
Kulturbereichs im Raum Stuttgart bezeichnet wurde, engagierte
sich in zahlreichen kulturellen Institutionen und Organisationen.
So notierte Bundespräsident Theodor Heuss unterm 30. November 1955, in einem seiner »Tagebuchbriefe«:
»Josef Eberle (...) ist seit einiger Zeit Spezialist für carmina
geworden. Er hat jetzt wieder ein Heftchen drucken lassen; ich
ermunterte ihn, auch Dir es zu schicken. An dem Abend in
Marbach saßet ihr eine Zeitlang beisammen (oder sonst in Stuttgart) – er ist ein reizender Kerl und hat sich (Frau jüdisch) in den
bösen Jahren, die ihn beruflich zerschlagen haben, höchst
bewährt. Und ist jetzt kinderlos geblieben, aber reich geworden,
der Mäcen für schwäbische Dinge.« [78]

Bereits früh engagierte sich Eberle in der Deutschen Schillergesellschaft, dem Trägerverein des Schiller-Nationalmuseums in
Marbach am Neckar. Dem Ausschuß der Gesellschaft gehörte
er bereits seit 1948 an. Zwanzig Jahre lang, von 1956 bis 1976,
war er als Vizepräsident Mitglied des Vorstands. Die Verbindung
zwischen Eberle und der Schillergesellschaft wurde durch die
Schenkung des Cotta-Archivs
gestärkt, das 1952 zunächst als
Leihgabe und schließlich 1962
als Stiftung der »Stuttgarter Zeitung Verlagsgesellschaft Eberle
& Co.« auf Dauer nach Marbach kam.

Als Mäzen wirkte Eberle auch
bei der Württembergischen Bib-
liotheksgesellschaft, zu deren
Präsident er 1956 gewählt wurde,
und beim Stuttgarter Galerie-
verein, dessen Gründungspräsi-
dent er seit 1961 war. Die Bib-
liotheksgesellschaft konnte durch
Zuwendungen Eberles immer
wieder bibliophile Raritäten
ankaufen. Zwei Erwerbungen,
»Die Mörin« von Hermann von
Sachsenheim[79] und die Übersetzung der Schrift »De remedio
amoris« von Enea Silvio Picco-
lomini durch Niklas von Wyle
1478[80], weisen auf den Rotten-

Bundespräsident Theodor Heuss
über Eberle:
»der Mäcen für schwäbische Dinge«.

burger Musenhof der Erzherzogin Mechthild im 15. Jahrhundert
hin, zu dem sowohl Sachsenheim als auch Wyle in Verbindung
standen. Durch Spenden Eberles und der Familie Bosch konnten auch der »Schwabenspiegel« und die Sammlung Borst erworben werden.

Die Zeit nannte Eberle einmal den gebildetsten deutschen Journalisten. Zu diesem Prädikat trug sicher auch die Tatsache bei, daß Eberle ab 1954 lateinische Verse schrieb und später unter dem Pseudonym Iosephus Apellus, »der kleine Eber«, veröffentlichte. Auf die erste Publikation »Horae. Rhythmi Latini« folgten weitere Bände mit »Carmina latina«, so »Imagines« und »Laudes«. Mit den Jahren konnte es nicht ausbleiben, daß der gelehrte Journalist, einflußreiche Verleger und vielfältige Mäzen Auszeichnungen und Würdigungen erhielt. Eine Ehrung, die er, ein Progymnasiast mit dem »Einjährigen«, besonders schätzte, war die Verleihung der Ehrendoktorwürde durch die Philosophische Fakultät der Universität Tübingen.

Die Anregung hierzu hatte im übrigen der Latinist Professor Otto Weinreich gegeben. In der am 10. November 1955 überreichten Urkunde heißt es: »Herrn Josef Eberle / Der durch seine Dichtung in schwäbischer Mundart und lateinischer Zunge die Heimat und die grosse Tradition ihres Humanismus geehrt hat / der angestammtes Volkstum verständnisvoll dargestellt hat / der als weitblickender Publizist Brücken zur Welt schlagen hilft / der hochherzig unsere klassischen Studien fördert / und der vor allem kostbare, in Jahrhunderten angesammelte Schätze des deutschen Geisteslebens vor der Zerstreuung bewahrt / für Schwaben und Deutschland erhalten / und damit zum ersten Mal der Öffentlichkeit und der wissenschaftlichen Forschung zugänglich gemacht hat den Grad und die Würde eines Ehrendoktors der Philosophie.«[81]

In den nächsten Jahren erhielt Eberle, der auch zum Mitglied der Akademie für Sprache und Dichtung in Darmstadt berufen wurde, u.a. folgende Auszeichnungen: 1957 Ernennung zum Ehrenmitglied des Altphilologenverbandes und 1959 Verleihung des Großen Bundesverdienstkreuzes.

Und dann kam der 60. Geburtstag, der 8. September 1961. Josef Eberle war mit seiner Frau wohlweislich nach Pontresina ins Hotel gefahren. Den Jubilar erreichten über 700 Briefe und

Zwei große Tierfreunde: Else und Josef Eberle.

Glückwünsche. In der *Zeit* stand zu lesen: »Dem Journalisten Eberle, der die seit fünfzehn Jahren in der ›Stuttgarter Zeitung‹ ausprägende, unabhängige Gesinnung während der Nazizeit selbst vorgelebt hat, mag es eine Befriedigung sein, daß ihm Führer aller großen Parteien gratulierten.«[82] Der Süddeutsche Rundfunk widmete dem Jubilar und Mitglied des Verwaltungsrats gleich zwei Sendungen »Mit Verlaub, ein Schwab« von Renate Milczewsky[83] und »Latinitas heißt Menschlichkeit«.

Der Reigen der Ehrungen und Würdigungen des Jubilars, dem die Landesregierung den Professorentitel verlieh, setzte sich fort: Am 24. Oktober überreichte ihm seine Heimatstadt die Ehrenbürgerurkunde, am 9. November würdigte ihn Theodor Heuss in Marbach, am 30. November ernannte ihn die Universität Tübingen zum Ehrensenator.

*Am 24. Oktober 1961 überreicht
Bürgermeister Egbert Regenbrecht Eberle die
Ehrenbürgerurkunde seiner Heimatstadt.*

Mit der Verleihung der Ehrenbürgerwürde dankte ihm seine
Vaterstadt für »die Liebe und Treue zur Heimat«, auf die der
»neue« Professor Dr. h.c. Josef Eberle in seiner Dankrede Bezug
nahm: »Die Ehre ist groß und meine Freude darüber noch größer, kenne ich doch den nüchternen, kritischen Sinn meiner
Mitbürger, der eher zehnmal einen Tadel, als auch nur einmal ein
Lob ausspricht. Das ist schon in meiner Jugend so gewesen: die
Mutter, der Onkel, die Tanten, die Nachbarn, von den Lehrern
ganz zu schweigen, fanden stets mehr Rügenswertes an uns
Buben als Preiswürdiges – und rückblickend meine ich fast, sie
hätten recht gehabt. Dazumal nämlich, als die Autoritäten noch
unbestritten und die Rangordnung der geistigen und bürgerlichen Werte noch unerschüttert galten, damals pflegte man die
Jugend keineswegs als Tugend und Wert an sich zu betrachten,
vielmehr als eine noch ungeformte, durch Behauen (was oft das
gleiche war wie Verhauen), durch Hobeln und Schleifen zu

bearbeitende Vorstufe zum reifen Menschen und vollgültigen Bürger.

Wenn nun die Vaterstadt dem Sechzigjährigen die Würde eines Ehrenbürgers verleiht, ihn damit also sozusagen lobt und preist, so bin ich mir als Rottenburger des Ungewöhnlichen dieses Vorgangs durchaus bewußt. Genau genommen, darf ich doch wohl in der mir verliehenen Würde eine Form des Dankes für das von mir gesungene Heimatlob erblicken. Ich kann und möchte nicht leugnen, daß ich dieses Lob sogar dreistimmig gesungen habe: schwäbisch, hochdeutsch und lateinisch. Noch genauer genommen, ist es jedoch an mir, der Vaterstadt zu danken und zwar für mehr als für diese Ehrung. Die Heimat, ihre Menschen, ihre Landschaft, ihre Geschichte sind es, die mir jenes Lob nicht nur eingegeben, sondern mir auch die Gabe, es zu artikulieren, geschenkt haben.

Das ist ganz wörtlich zu nehmen: *mein* Schwäbisch, das wasch-echte Rottenburgerische, das sich inzwischen die ganze schwä-bische Welt erobert hat vom Nesenbach bis zum La Plata, habe ich *hier* mit der Muttermilch eingesogen: und für mein Latein, dessen Geltungsbereich ja noch viel ausgedehnter ist, haben die hiesige Lateinschule und vielleicht auch ein bißchen der römi-sche Geist Sumelocennas die Grundlagen geschaffen. Und was mein Hochdeutsch betrifft, so gibt auch heute noch, wenigstens beim Sprechen, das Rottenburger Schwäbisch sozusagen die Ton-art an, aus dem es geht.

(...)

Lassen Sie es mir heute hingehen, meine lieben Mitbürger, daß ich vor Ihnen einen ganz persönlichen Wunsch äußere: das Schicksal hat es mir nicht vergönnt, einen Vater zu erleben: er starb zwei Monate vor meiner Geburt. Das Andenken jedoch, das er bei vielen einfachen Leuten hinterlassen hat, die ihn gekannt haben, hat mir als Büblein schon tiefen Eindruck gemacht. ›Büble‹, pflegten sie zu sagen, ›dei Vadder ist e' reachter Ma' gsei.‹

Ich wünschte mir, es wäre Ihrem neugebackenen Ehrenbürger vergönnt, dermaleinst – womit es ihm freilich nicht sehr pressiert – ein ebenso schönes, ebenso menschliches Bild im Gedächtnis der Späteren zu hinterlassen.«[84]

Im September 1970 feierte die *Stuttgarter Zeitung* ihr 25jähriges Bestehen. Der Gründungsherausgeber Eberle war und konnte stolz auf sein Lebenswerk sein: »Auf dem Humus von Entschiedenheit und Liberalität gedieh sein Blatt. Trotz manchen Tributs an die hastigen Zeitläufe hat es sich die Ruhe und Gründlichkeit des Anfangs bis heute bewahrt. Kein Zufall, daß es zum Medium vieler ebenso nachdenklicher wie eigenwilliger Federn wurde und auch zur Nachwuchsschule.«[85]

Dennoch, der Wechsel stand an und war vorbereitet. Mit 70 Jahren, zum 31. Dezember 1971, beendete Eberle seine Tätigkeit als geschäftsführender Herausgeber der *Stuttgarter Zeitung*. In den Jahren seines tätigen Ruhestands lebte der Dichter abwechselnd in Stuttgart und in seinem Anfang der 1960er Jahre errichteten Haus Chesa Camena in Pontresina / Graubünden.

Nach fast dreißig Jahren publizierte Sebastian Blau 1973 unter dem Titel »Schwäbischer Herbst« neue Mundartgedichte – »die alte Quelle sprudelte aufs neue« (Eberle).[86] Und ein Jahr später erschienen die Kindheits- und Jugenderinnerungen unter dem Titel »Aller Tage Morgen«. In diesem Band, freilich geprägt vom »musealen Goldton der Erinnerung«, wird die kleine Welt der schwäbischen Bischofsstadt zwischen der Wende vom 19. zum 20. Jahrhundert und dem Ende des Ersten Weltkrieges von Eberle literarisch verewigt. In dieser Zeit kam Eberle gelegentlich auch zu Lesungen in seine Heimatstadt. So las er im Rahmen der Veranstaltungen zu »700 Jahre Rottenburg« am 30. September 1974 in der »gestopft vollen Rottenburger Festhalle« aus seinen Werken. Zu seinem 75. Geburtstag im Jahre 1976 machte ihm seine Heimatstadt ein Geschenk, das

» *C*hesa Camena« in Pontresina;
Zeichnung von Theodor Heuss, 4. August 1962.

selten einem Lebenden zuteil wird: sie benannte eine Brücke nach ihm. Die »Mittlere Brücke« wurde am 15. Oktober 1976 auf den Namen »Josef-Eberle-Brücke« umgetauft. Der Geehrte verfaßte folgenden Anschlag zur Umtaufe einer Neckarbrücke in Rottenburg:

> *»Bürger, die Brücke von einst*
> *trägt neuerdings Eberles Namen.*
> *Brückengebühr entfällt,*
> *wenn man ein Buch von ihm kauft.«*

Eberle schrieb weiter Gedichte – auch in »spezifisch rottenburgisch gefärbter Mundart«. In rascher Folge konnten so die Bände »Die trauten Laute« (1975), »Alois und Paula« (1975) und »Dr Has em Pfeffer« (1978) erscheinen. Und der zum 80. Geburtstag im Jahre 1981 publizierte Band »Sebastian Blau's Schwobespiagel« versammelt »Altes und Neues«, vieles von dem, was Eberle in fünf Jahrzehnten geschrieben hat.

Kurz nach Eberles 80. Geburtstag überreichte ihm am 19. Oktober 1981 Oberbürgermeister Manfred Rommel die Bürgermedaille der Stadt Stuttgart als Dank für seine große Leistung um die politische Kultur seiner zweiten Heimatstadt, in der er einst sogar dem ersten Nachkriegs-Gemeindebeirat von Oktober 1945 bis Mai 1946 angehört hatte.

Eberle
in seiner geliebten
Graubündner
Bergwelt.

In den 1980er Jahren war es um Josef Eberle ruhiger geworden. Die Last des Alters wurde größer, die Augen bereiteten Probleme. Dennoch schrieb er unentwegt Gedichte, getreu seinem Motto: kein Tag ohne Linie, kein Tag ohne Zeile. Seine »Ein- und Ausfälle« veröffentlichte er unter seinem letzten Pseudonym: Der alte Wang, sei es in dem Buch »Die Wandzeitung« von 1981 oder auch im *Stuttgarter Wochenblatt*.

Interview

Man fragte bei der Unterredung:
»Nun kommt, da jegliches Zerwürfnis
behoben ist, als Hauptbedürfnis
das Kabelfernsehn bald in Gang -
was meinen Sie dazu, Herr Wang?« -
»Bedürfnis? Fehlts denn an Verblödung?«[87]

Im April 1985 konnte er sein letztes Buch vorstellen, den Band »Auf der Schiffschaukel« mit dem Untertitel »Satiren und Epigramme von Sebastian Blau«. Zu seinem 85. Geburtstag am 8. September 1986 ehrte ihn seine Heimatstadt mit einer Ausstellung zu Leben und Werk. Aus gesundheitlichen Gründen konnte der betagte Jubilar nicht aus Pontresina anreisen. Er sandte allerdings sein letztes Gedicht:

Herbst im Engadin

Bald werden sie verblühen,
dem Winter zu entfliehen.
Und schmilzt der Schnee dahin,
sie werden wieder spriessen
den Frühling zu begrüssen,
auch wenn ich nicht mehr bin.

Josef Eberle, September 1986

Die letzten Tage seines Lebens konnte Eberle nicht in seiner Chesa Camena verbringen, er wurde in das Krankenhaus der benachbarten Stadt Samedan eingeliefert. Dort starb er am 20. September 1986, wenige Tage nach seinem 85. Geburtstag. Er wurde am 25. September – seinem Wunsch entsprechend – auf dem Rottenburger Sülchen-Friedhof beerdigt, in einem Ehrengrab seiner Heimatstadt. Diesem Friedhof, auf dem auch seine Vorfahren beigesetzt wurden, hatte Eberle zum einen ein eigenes Kapitel in der »Hauspostille« (»Sülchen – Anfang und Ende«) und zum anderen ein wunderschönes Gedicht über die Vergänglichkeit gewidmet:

»Er wolle die drei Gräber zusammenfassen zu einem einzigen Familiengrab, fuhr der Ältere fort, auch den Ferdinand von drüben. Dann sind alle beieinander, der Urgroßvater, die Großeltern und deine Eltern und wir zwei haben auch noch Platz darin. Was meinst'?

Die gelassene, fast heitere Sachlichkeit, mit der hier die endgültigste aller Wohnungsfragen erörtert und geordnet wurde, gefiel dem Jüngeren. ›Mir ist es recht‹, sagte er. Die Aussicht, in dieser Erde, die ihn geboren, später einmal auszuruhen, warf kei-

Sülchen-Friedhof in Rottenburg:
»s hots noh koaner weiter brocht
als bis Sülche' … Amen.«

nen Schatten auf die Heiterkeit seines Gemüts; es war gut und
sinnvoll, daß sich hier Anfang und Ende zum Kreise schließen
sollten. Hier gehörte er hin, mitten unter die vielen Generationen seiner Mitbürger dieses ›größeren Rottenburgs‹. Und es erschien ihm als Symbol der unversieglichen Lebenskraft der
Vaterstadt, daß gerade Sülchen, die Stätte des Vergehens, in seinem Namen die Erinnerung an ihren Anfang, an Sumelocenna,
lebendig weitertrug – über allen Wechsel der Dinge hinweg.«[88]

Sülche

So, etz tend mr d Kappe' ra –
et so laut, send ruhig etze':
uf em Gottesacker därf
außrem Mesmer neamed schwätze'!

Roih om Roih ond Grab om Grab,
jedem ist sei' Platz zuagmesse'.
Manche hend noh frische Kränz,
manche send schao' lang vergesse'.

Dean on selle' hao'-n-e kennt,
dear hots ao schao' überstande' -
seis noh om e' Weile, noh
wend mr ao deneabe' lande'.

Wenn dr s Leabe' noh so gfällt,
zletzt' konnt halt doch dr Butze',
a' me' schöne' Tägle gilts,
noh muaßt d Platte' putze'!

s Haierle hot reacht, wenns sait:
»Was sind Ehre, Ruhm und Namen?« -
s hots noh koaner weiter brocht
als bis Sülche'…

Amen·

Nur wenige Jahre nach ihrem Mann starb Else Eberle am 30. September 1989 in Stuttgart im Alter von 83 Jahren. Sie wurde am 6. Oktober 1989 an der Seite ihres Mannes auf dem Sülchen-Friedhof beigesetzt. Das Doppelgrab trägt die von Josef Eberle verfaßte Inschrift – in Latein und Deutsch:

HOC IACET IN TUMULO VATES, CUI FATA RECUSANT /
CARMINIBUS MERITUM NOMEN AD ASTRA VOLANS. /
INGENIO VIR NON CARUIT NEQUE AMORE CAMENAE, /
TEMPORA SED RUMPENT VATIS UTRAMQUE LYRAM: /
DESINET AUDIRI MOX INTEGRA SUEBA LOQUELA, /
ET QUIS CRAS LATII VOCE PERITUS ERIT?«

»Unter dem Hügel hier ruht ein Poet, dem das Schicksal verweigert, / daß er am Himmel als Stern leuchte nach seinem Verdienst. / Weder gebrach's ihm an Geist, noch zeigte die Muse sich spröde, / nein, es zerbrach ihm brutal seine zwei Leiern die Zeit: / Bald wird der lautere Klang des lebendigen Schwäbisch verstummen / und schon morgen vielleicht keiner Latein mehr verstehn.«

ERBE UND VERPFLICHTUNG

Den Weg seiner Dinge hatte Josef Eberle, ein Sammler aus Leidenschaft, noch zu Lebzeiten geordnet. Sein schriftlicher Nachlaß ging an das Deutsche Literaturarchiv in Marbach am Neckar, dem Eberle seit der unmittelbaren Nachkriegszeit verbunden war, zuletzt als Ehrenmitglied der Deutschen Schillergesellschaft. Nach Marbach kam auch seine umfangreiche, beinahe 5500 Bände umfassende Bibliothek aus seinen Häusern in Stuttgart-Frauenkopf und in Pontresina. Da Eberle die Werke der von ihm besonders geschätzten Autoren Catull, Horaz, Vergil in Ausgaben aller Jahrhunderte besitzen wollte, kamen auf diese Weise auch Frühdrucke und Inkunabeln in die Marbacher Magazine. Die kleine Sammlung von Bildern seines Freundes Reinhold Nägele erhielt die Galerie der Stadt Stuttgart. Seine Antiken-Sammlung kam an das Archäologische Institut der Eberhard-Karls-Universität Tübingen.

Rottenburg am Neckar bedachte er mit einem Legat. Testamentarisch vermachte er seiner Heimatstadt eine Million Mark zur Erweiterung des Antiken-Museums. Mit diesem großzügigen Vermächtnis ermöglichte der Kenner und Liebhaber der Latinität den Ausbau des neuen Römischen Stadtmuseums »Sumelocenna«, das im Winter des Jahres 1992 eröffnet werden konnte. Dort wird an den »ersten und einzigen Dichter« seiner Stadt, wie er sich selbst einmal nannte, erinnert: »in memoriam Josef Eberle«.

Das Rottenburger Sumelocenna-Museum: in memoriam Josef Eberle.

Dichtung ist Erinnerung. Diesen Satz schrieb Eberle immer wieder. Und wer erinnert sich der Dichter? In seiner Heimatstadt wird die Erinnerung lebendig erhalten, durch eine Gedenktafel an der Stelle seines Geburtshauses, durch Ausstellungen zum 90. Geburtstag (1991), zum 10. Todestag (1996) und zum 100. Geburtstag am 8. September 2001, aber auch durch »Sebastian-Blau-Abende«, an denen seine Gedichte rezitiert werden, und einen »Sebastian-Blau-Wanderweg« von Rottenburg nach Bad Niedernau.

Am Schluß dieser Lebensstationen, die in Abstimmung mit den anderen Beiträgen des Buches ihren Schwerpunkt auf der Zeit bis 1945 haben und beileibe nur Aspekte eines erfüllten Lebens aufzeigen können, soll ein Gedicht stehen, das Eberle zum 80. Geburtstag schrieb. In diesem »Selbstporträt«[89] setzt er sich mit seiner Herkunft und seinem Lebensweg auseinander. Bemerkenswert ist, daß Eberle hier sein Decknamenspiel thematisiert und alle wichtigen Pseudonyme aufführt – außer einem: Tyll. Warum erinnert Eberle nicht an seine dezidiert politisch-satirischen, an seine linken Anfänge? Wird hier die gleiche Distanz deutlich, die auch in späten Gedichten über seine Heimatstadt zu erfahren ist? Diese sind geprägt von Nähe und Fremdheit. Aber könnte es bei diesem Lebensweg und Lebenswerk, geprägt durch die Brüche des 20. Jahrhunderts, anders sein? Eberle war und bleibt eigen, unverwechselbar, außergewöhnlich – als Gründungsvater der *Stuttgarter Zeitung*, als Neulateiner und als Sebastian Blau, als der schwäbische Mundartklassiker des 20. Jahrhunderts schlechthin.

Selbstporträt

Er nannte sich »eins und doppelt«.
Ich habe die eigene Art
mit viererlei Namen verkoppelt
und dennoch mein Selbst bewahrt.

Ich mag Peter Squentz mich nennen,
Apellus, Blau oder Wang,
man wird mich in allen erkennen:
sie ziehen am gleichen Strang.

Ich singe besinnlich und lyrisch,
elegisch und heiter und herb,
ich krächze zuweilen satirisch,
lateinisch und schwäbisch derb.

Mein Pegasus geht mit dem Wetter,
was immer man drunter versteht;
so bringen denn diese Blätter
den Ernst und den Witz aufs Tapet.

Und ginge von diesen Sachen
dir, Leser, was wider den Strich,
und solltest du lächeln und lachen,
du findest in allem nur mich.

Poet und Publizist
Josef Eberles literarische Gesichter

Nil hominem tibi quaerenti fuit utile lumen –
Forsitan invenies, quod cupis, ista legens.

Nichts hat dir ein Licht, als du Menschen suchtest, geholfen:
Wenn du die Worte hier liest, triffst du den Mann, den du suchst!

PHYLLIS

&

PHILANDER

Das ist:

Gereymter VENVS-Spihgel
im baroquischen Geschmaff
von einem ohngenannten / aber
nicht ohnbekannten
AVCTORE

Herauß geben und mit so gelährten
als nuzzbaren Anmerckungen
versehen durch
Herrn PETER SQUENTZ

Mit Privilegio Seiner Aller-ohnchristligsten Majestäht/
des GROSSEN MOGULS von CALICUT in OST-INDIA
verlegt in dihßem Jahr bey der
TEUTSCHEN VERLAGS ANSTALT
zu STUTTGARDT

Titelseite von Eberles barockem »Venus-Spihgel«.

GERHARD W. BAUR

Sprache der Heimat
Die schwäbischen Gedichte
des Sebastian Blau

*A*b Ende der zwanziger Jahre, bald nachdem Josef Eberle Anfang 1927 Lektor und später Leiter der Vortragsabteilung des Süddeutschen Rundfunks geworden war, entstehen seine ersten Mundartgedichte, zunächst von ihm selbst in Funksendungen vorgetragen. Es sind zumeist farbige Genrebilder, Schilderungen von heiteren Begebenheiten und bemerkenswerten Personen aus seiner Rottenburger Jugendzeit, so etwa »Dr Karle Hank«, »D Bürgergard« (später »D Bürgerwach«) und »Dr Gsangverei«. Ihnen allen ist gemeinsam, daß sie getreu die Mundart seiner Heimatstadt wiedergeben, wie sie dort in den ersten Jahrzehnten des 20. Jahrhunderts allgemein in Gebrauch war. Es war sein Funkkollege Martin Lang, der spätere Lektor bei der Deutschen Verlags-Anstalt und selbst ein anerkannter und sachverständiger Mundartautor (»Schbatzaweisheit«), der ihn zur Veröffentlichung seiner schwäbischen Gedichte drängte und die Verbindung zum Silberburg-Verlag in Stuttgart vermittelte.

Doch in die Zeit der Drucklegung fiel der politische Machtwechsel; der entschiedene Gegner der Nationalsozialisten, zudem mit einer Jüdin verheiratet, wurde kaltgestellt, entlassen und kam in sechswöchige KZ-Haft. Ein Pseudonym, rasch und ohne großes Besinnen gewählt, mußte das Erscheinen seines ersten Mundart-Gedichtbands »Kugelfuhr« ermöglichen. Es sei ihm nichts anderes als der Farbname Blau eingefallen, und Sebastian »als Name für einen Gepfählten, Gepfeilten« habe ihn in seiner damaligen Lage auch nicht schlecht gedünkt, sagte er später, erwähnte aber im Gespräch noch, daß ihm darüber hinaus der von ihm hochverehrte bedeutende Mundartautor aus dem 18. Jahrhundert, P. Sebastian Sailer, als Namenspatron wichtig gewesen sei.

Von da an schreibt und veröffentlicht Eberle unter dem Namen Sebastian Blau weitere Mundartgedichte, unter ihnen »St. Nepomuk«, »Haohzich« (Hochzeit) und das letzten Endes von J. P. Hebels Flußgedicht »Die Wiese« inspirierte »Dr Necker«, das er schwäbisch-wehmütig so enden läßt:

> *r hot uf seire' Wanderschaft*
> *en A'seah' kriagt ond Bärekraft,*
> *r hot vom Leaba' manches gseah',*
> *hot manches könne' haöre',*
> *ond was noh fehlt, sell wuud se gea',*
> *sell wuud en d Fremde laehre'. –*
> *So, do ist d Grenz. Adje!*
>
> *Soweit wär älles reacht ond schö'.*
> *Was aber tuat dear Stromer?*
> *r lauft schnurstracks ens Badisch nei'*
> *ond selt – vor lauter Jomer –*
> *versäuft r se em Rhei'!*[1]

Seit dem Schreibverbot 1936 bis Kriegsende arbeitet Eberle fast nur noch für die Schublade: Mundartgedichte entstehen, und besonders, von 1938 bis 1942, seine »Rottenburger Hauspostille«, die Geschichte Rottenburgs in charakteristischen Einzelbildern. Doch war es ihm als Sebastian Blau immerhin 1936 noch möglich, in der Reihe »Was nicht im Wörterbuch steht« des Piper-Verlags unter dem Titel »Schwäbisch« eine lebendige und facettenreiche Beschreibung des Dialekts und seiner Geschichte, eigentlich eine kleine Kulturgeschichte des Schwäbischen, vorzulegen. (Die Neuausgabe erschien dann 1951 unter dem Titel: »Ob denn die Schwaben nicht auch Leut wären ..?«).

Erst 1946 konnten, neben der »Rottenburger Hauspostille«, »Die schwäbischen Gedichte des Sebastian Blau. Ausgewählt, befürwortet und herausgegeben von Josef Eberle« erscheinen. Dieses Buch war für längere Zeit maßstabsetzend, beispielgebend, aus mehreren Gründen.

Seine Gedichte klingen zuerst einmal nicht papieren, sie geben durchweg lebendige Sprechsprache wieder, wenn auch vielleicht nur diejenige, die in seiner Jugendzeit in seiner Heimatstadt (noch) gesprochen wurde. Der Dialekt stimmt in vielem noch mit demjenigen überein, welcher in einigen benachbarten Dörfern heute noch gesprochen wird.

Dann kommt als zweites hinzu, daß Sebastian Blau ein virtuoser Formkünstler war, der zu jedem Thema die passende Form wählte und auch in der Lage war, ausgefallene Versformen, wie etwa Hexameter oder Pentameter, zu meistern. Meist wählte er jedoch gängige und vertraute Muster, vor allem den Vierheber. Was ihn in diesem Bereich aber besonders auszeichnet, ist die Art, wie er oft unerwartet die ausgefallensten Reime miteinander verbindet. Ein Beispiel möge hierfür stehen:

Bereits im Erscheinungsjahr 1936 erreichte der Band eine Auflage von 12 000 Exemplaren.

> *D Engel senget s Halleluja,*
> *koar, mo krächzet, kräht ond grillt;*
> *s mei' goht selte'-n-aohne Pfui! a –*
> *Konststück, selle send druf drillt!*[2]

Norbert Feinäugle, dem ich diese Beobachtung verdanke, hat Blaus besondere Art in seiner Mundartschriftstellerei folgendermaßen charakterisiert: »wichtig ist, wie bündig und prägnant Blau zu formulieren versteht, wie bildhaft und drastisch, oft zupackend-derb er die Dinge benennt, wie verblüffend oft die Vergleiche sind, die er findet, und wie sich Spott, Witz und milder Humor bei ihm verbinden, so daß er zugleich das Herz rührt und den Verstand vergnügt. Eine vorzügliche sprachmimische Begabung ließ ihn unterschiedliche Stilvarianten der Mundart so sicher treffen, daß der Leser die betreffenden Personen sofort zu hören glaubt.«[3]

Maßstäbe gesetzt hat er auch durch seinen sicheren Blick für typische Situationen wie durch seine hochentwickelte Kunst der Typenzeichnung.[4]

Blick auf Rottenburg Mitte der zwanziger Jahre.

Daß Blau schließlich auch durch die Wahl Rottenburgs, einer Kleinstadt, als Ort des Geschehens seiner Dialektgedichte eine neue Sichtweise und eine Ausweitung der bis dahin gängigen Themenkreise ermöglichte, wurde bereits weiter oben angedeutet. Vor ihm hatte eigentlich nur das Dorf als der passende Schauplatz für Mundartdichtung gegolten. Nun folgten ihm im Verlauf weniger Jahre einige Autoren, welche in ihren Gedichtbänden versuchten, ein ähnlich dichtes Bild eines bestimmten Ortes zu entwerfen, so 1955 Hugo Geißler für Tuttlingen, 1956 Heinz Eugen Schramm für Tübingen und 1962 Karl Hötzer für Balingen. Das große Vorbild erreichte keiner von ihnen.

Josef Eberle, der 1945 Herausgeber der *Stuttgarter Zeitung* geworden war, schrieb danach für längere Zeit keine schwäbischen Verse mehr. Statt dessen publizierte er in Abständen in »seiner« Zeitung unter dem Pseudonym Peter Squentz hochdeutsche Gedichte und wandte sich im übrigen – neben seiner zeitraubenden Herausgebertätigkeit – dem Schreiben von lateinischen Gedichten zu. In besonderem Maße bestimmend wurde ihm bei seinen Studien und Versuchen sein lateinischer Lieblingsautor Martial, dessen epigrammatische Art ihm besonders lag.

Es kamen in diesen Jahren häufig Anfragen an ihn, warum denn Sebastian Blau nicht weiterschreibe. Eine – wenn auch etwas unbefriedigende und nicht ganz überzeugende – Antwort gab er einmal 1955 in der *Stuttgarter Zeitung* als Peter Squentz:

> *Warum ich nicht mehr schwäbisch dichte*
> *»en ao'sre süaße Na'se'tö?«*
> *Erlaßt mir, Freunde, die Geschichte –*
> *s ist älles bloß e' Weile schö' …*
> *Und überhaupt, schon Mörike*
> *sprach dazu das Gehörige:*
> *gefragt, warum er denn so still,*
> *so untreu worden sei der Muse,*
> *versetzte dieser kühl: »Frog du se –*
> *wenn halt des Luader nemme will … «*[5]

Genauere Auskunft über die Gründe für das fast dreißigjährige Verstummen gibt dann die »Vorbemerkung« im 1973 erschienenen neuen Gedichtband »Schwäbischer Herbst«: »Er fühlte sich der kleinen und engen Welt, die er im Gedicht darzustellen und im Wort zu konservieren getrachtet hatte, entwachsen. Vor allem aber fürchtete er, das Weitergehen auf dem ausgetretenen Weg könnte so langweilig werden wie eine Chaussée oder, schwäbisch gesagt, das Weitermachen könnte zur Leier werden. Und nun, nach Jahrzehnten, ist es plötzlich wieder über ihn gekommen… Das mag mit dem Alter zusammenhängen, das ja zurückzublicken und Erinnerungen aufzufrischen liebt… Freilich gehen viele seiner neuen schwäbischen Gedichte aus einem andern Ton als die alten, auch diejenigen, die Erinnerungsbilder aus der Jugend wachrufen. Vor allem jedoch die auch ihrem Stoff nach neuen, zu denen ihn sein Alter und Beobachtungen aus seiner heutigen Welt, die freilich auch nicht ›die große‹ ist, angeregt haben. Der Titel ›Schwäbischer Herbst‹ scheint ihm darum nicht ungereimt: nicht jede Lese ist ja süß, es gibt auch ›räße‹…«.[6]

Ein Jahr nach Erscheinen jenes Buchs befragte ich Josef Eberle im Rahmen einer Erhebung zur Dialektliteratur zu den Gründen und Hintergründen seiner mundartliterarischen Produktion. Seine Antworten und die von 16 weiteren (von insgesamt 30 befragten) Mundartautoren sind – gekürzt – veröffentlicht in dem Band »Warum im Dialekt? Interviews mit zeitgenössischen Autoren«[7].

Ich möchte versuchen, Josef Eberle selbst zu einigen der angeschnittenen Fragen und Probleme Stellung nehmen und zu Wort kommen zu lassen. Befragt, wie er zum Schreiben im Dialekt gekommen sei, antwortete er lapidar: »Erstmal ist der Dialekt natürlich Muttersprache für jeden Schwaben, für mich vielleicht noch mehr als für andere.« (Eberles Vater war zwei Monate vor Josefs Geburt gestorben.) Ihm habe der Dialekt als Ausdrucksform einfach deshalb gefallen, »weil er viel anschaulicher ist, viel prägnanter und auch viel strenger in seiner ganzen Ausdrucksweise [als das von ihm schon in seiner Jugendzeit als »papieren« angesehene Hochdeutsche] ... Der Dialekt hat noch Blut in sich, er ist noch lebendig, jedenfalls in der älteren Generation ... [doch] die Einflüsse der Umwelt sind viel zu groß, als daß er in der alten Form so bleiben könnte, wie er in meiner Jugend war. Ich merke, wenn ich in Rottenburg bin, daß die Jungen viele Wörter schon nicht mehr verstehen, viele Ausdrücke schon nicht mehr mitbekommen. [Aber] ich bin ... überzeugt, daß der Dialekt ... in den Grundformen auch diese Krise überstehen wird, auch wenn sich die äußeren Verhältnisse völlig ändern.«[8]

Obwohl Eberle bei seinen häufigen Rezitationsabenden neben älteren immer wieder auch sehr viele jüngere Zuhörer vor sich sah, die von seinen Gedichten angetan und berührt waren, auch wenn sie nicht alles verstanden hatten, so war er doch in bezug auf eine Zukunft der schwäbischen Mundartdichtung sehr skeptisch, ja pessimistisch: »Ich glaube, die objektiven Widerstände sind so groß und die Nivellierung ist so fortgeschritten, daß diese Form, sich auszudrücken, schon aus Mangel an Zuhörern, Mangel an Aufnehmenden, aber auch aus Mangel an Dialektkennern wahrscheinlich abstirbt. Ich glaube nicht, daß sich diese Entwicklung aufhalten läßt.«[9]

Das Gedicht »E' Gmüatsmensch« bringt diese Überzeugung auf drastische Art ins Wort:

> *I moa', mit aosrer Muatersproch*
> *gangs hente' hott – was konnt dernoch?*
> *Mir Alte sterbet aus, was konnt,*
> *ist Kauderwälsch ond Konterbont.*
>
> *I sag wia seller Bauredoktor,*
> *e' gschickter, aber ganz verhockter;*
> *mo dear emol e' leibarms Weib*
> *hot ontersuacht, sait dear zom Ma'*
> *(ond s Weib deneabe' haörts mit a'):*
> *»s hot et viel wert, was i verschreib,*
> *dia Sach nemmt ihren gweiste' Gang –*
> *a' deare' hend Se nemme lang.«*[10]

*G*roßer Andrang bei einer Lesung
von Sebastian Blau.

Eine besondere Kunst der Charakterisierung gehobener oder gezierter Bürgerlichkeit zeigt sich in der gekonnten Verwendung des Honoratiorenschwäbisch, z.B. in der »Niedernauer Idylle«, in »s Fräule Zitz« oder in »Am Neabetisch – eme' Stuageter Café«, wo in zwei von zehn Strophen der Autor seine und im Kontrast dazu die Sprechweise des »Edelschwaben« Willy Reichert apostrophiert:

Lasse mrs! I les da neulich
paar Gedichtle' vo' dem Blau –
o des Schwäbisch ist abscheulich,
so fulgär, mei' Mann sechts au . . .

Noi' dr Willy net, des weiß e,
der spricht sähr gewählt und fei',
selbst des wüste Wörtle ›Schaiße‹
klingt beim Willy bühne'rei' . . . [11]

Nach jahrzehntelanger Pause erschienen 1973 wieder schwäbische Gedichte von Sebastian Blau.

Daß dem Lehrer in »Ha, wa, mir!« Honoratiorenschwäbisch in den Mund gelegt wird, erscheint sofort plausibel, ebenso, daß Gott den Dichter Blau »Vor em Jöngste' Griicht« in diesem Idiom verhört; überraschend ist dann aber aufs erste doch, daß sich Gottvater und Petrus »Am Hemmelstörle (Meim Namenspatro' Sebastian Sailer z Ehre)« in Rottenburgerisch unterhalten, was man allerdings als Huldigung an den Verfasser biblischer Komödien und Singspiele verstehen darf.

Sebastian Blaus Gedichtband »Schwäbischer Herbst« hatte unter dem plakativen und gleichzeitig spöttischen Titel »Schwätz schöner!« ein Gedicht eröffnet, das aufs schönste dieses Neben- und Gegeneinander seiner verschiedenen Sprechmöglichkeiten zeigt:

Wia oft hot mi mei' guate Mamme'
vermahnet ond am Aöhrle packt:
»chwätz net so wüst und nimm de zamme',
mr sagt net ›gsait‹, ma' sait doch ›gsagt‹.

Benimm de, wie sichs ghört und lass
de ganz klei' bißle A'stand lehre'.
Und sellen Ausdruck von der Gass,
den möcht i fei' net nohmal höre'!«

Wia tät mei' Muater ›sich entsetze'‹,
und dees beim leiseste' Verdacht:
s häb ihrem Bua' des wüaste Schwätze'
sogar en Name' gmacht![12]

Auf meine – eigentlich überflüssige – Frage, ob diesem Gedicht
eine reale Situation zugrunde liege, kam Eberles Antwort wie
aus der Pistole geschossen: »Ha natürlich, des
Gedicht stimmt wörtlich! Da ist die Wirklichkeit also wirklich genau wiedergegeben. Meine
Mutter gehört als Stadtpflegerswitwe, gehobener Bürgerstand, zu den Honoratioren. Infolge-
dessen hat sie also dieses Gassenschwäbische,
das ich von der Schule und von meinen Kame-
raden heimgebracht habe, nicht sehr geschätzt.
›Jetz schwätz doch au schöner!‹ Nun, über
›schöner‹ kann man natürlich bei Sprache strei-
ten. Die Ästhetik der Sprache: Es liegt ja nicht
nur in der Derbheit oder in der Feinheit, in der
gesellschaftlichen Feinheit des Ausdrucks, sondern die Sprache ist etwas viel Feineres. Man
kann derb sein und trotzdem ein Dichter!«

Auf die Frage, welche Anforderungen an
gute oder vorbildliche Mundartliteratur er stelle,
nannte Eberle drei Voraussetzungen: »Erstens
vom Sprachlichen her: daß alle Gedichte echt
sein müssen, das heißt, sie müssen den Dialekt
so wiedergeben, wie er wirklich ist und ihn

Zum achtzigsten Geburtstag
im Jahr 1981 erschien
eine von Josef Eberle selbst
besorgte Auswahl
seiner schwäbischen Gedichte.

nicht nach ihrem Gusto, nach ihren Bedürfnissen formen wollen. Und das zweite: sie müssen wahr sein, was ein Unterschied ist zu echt. Sie dürfen keine Gegenstände bedichten, die dialektfremd sind, sie dürfen keine Gefühle und Vorstellungen einem einfachen, Dialekt sprechenden Menschen in den Mund legen, die der vielleicht hat, aber nicht aussprechen würde, weil er dazu viel zu scheu ist; das gilt vielleicht speziell für unseren schwäbischen. Und ein Drittes: die Gedichte müssen formgerecht sein. ›Reim dich oder ich freß' dich!‹ ergibt kein Gedicht, höchstens eine ungereimte Reimerei. Der Reim hat ja eine Funktion und eine Bedeutung, deshalb habe ich auch Hemmungen, unbedeutende Wörter als Reime an das Versende zu stellen«.[13] Daß er absolut nichts von gereimtem »Anekdötchengruust« halte, hatte er schon in der Einleitung zu seinen »Schwäbischen Gedichten« von 1946 betont; im Interview brachte er dies noch einmal deutlich zum Ausdruck.

Eine Art conclusio, auch confessio erhielt ich auf die Frage, inwieweit der Heimatgedanke in seinem Schaffen eine Rolle spiele: »Heimat ist für mich Sprache, in erster Linie. Und diese Verbundenheit werde ich nie verlieren. Heimat, lediglich als Bindung an den Boden verstanden, genügt meinen Vorstellungen nicht.«[14]

OSKAR FEHRENBACH

»Der gebildetste deutsche Journalist«

Vom armen Rottenburger
zum reichen Zeitungsverleger

So etwas gibt es in der Geschichte nahezu nie: Eine »Stunde Null«, die schlechthin alles verändert und wie ein Orkan über den Haufen wirft, nachdem ein todessüchtiger Staat zusammengebrochen ist und nichts als eine blutige Trümmerlandschaft hinterlassen hat. In dieser Stunde Null scheint die Zeit stillzustehen, als ob sie nicht mehr weiter wüßte. Das Tor zur Zukunft trägt die Überschrift aus Dantes Inferno: Laßt alle Hoffnung fahren. Und dies, weil eine ganze Nation derart tief in Schmach und Schande versunken ist, daß sie sich ihren Bezwingern auf Gnad und Barmherzigkeit ausliefern muß.

Selbst den Spätgeborenen dürfte es nicht schwer fallen, in diesem Szenario das Jahr 1945 wiederzuerkennen, als Deutschland die Quittung für die Untaten des nazistischen Verbrechersystems erhielt. Zwar herrschte nach der totalen Kapitulation endlich wieder Frieden. Aber selbst die unzähligen Menschen, die sich vom braunen Spuk wie erlöst fühlten, blieben aufs tiefste gedemütigt, da nun einmal das Land ohnmächtig am Boden lag: wehrlos und ehrlos, materiell und moralisch erniedrigt, ohne Aussicht auf eine befreiende Zukunft.

Und doch: In der Niederlage verbarg sich der Keim für die Wiedergeburt; in der Tiefe der Krise lag die einzigartige Chance ihrer Überwindung. Denn paradoxerweise scheint es zum Geheimnis der Stunde Null zu gehören, daß radikaler Wandel nur aus dem Chaos entsteht: Wenn kein Stein mehr auf dem anderen liegt, wenn rundum *tabula rasa* gemacht werden muß, um die Gespenster der Vergangenheit zu vertreiben – nur dann ist es möglich, radikal neue Wege einzuschlagen und mit den verbrauchten Traditionen zu brechen.

Darum liegt über dieser Katastrophe doch auch der Schimmer einer Morgenröte, von der die Erinnerung beinahe verklärt wird. Offenkundig konnte die westdeutsche Gesellschaft in der zweiten Jahrhunderthälfte nur vom äußersten Tiefpunkt der Niederlage aus ihren raketenhaften Aufstieg zur europäischen Spitzenposition vollziehen.

So mag es auch erlaubt sein, in der Erinnerung an Josef Eberle von einem doppelten Glücksfall zu sprechen. Die Katastrophe wendete nicht nur sein eigenes Schicksal zum Guten. Sie bedeutete obendrein einen Glücksfall für den Aufbau einer demokratischen Zeitungslandschaft nach angelsächsischem Vorbild. Mit einem Wort: Eberle war der rechte Mann zur rechten Zeit.

Unbestreitbar gehört der gebürtige Rottenburger des Jahrgangs 1901 zu den großen Zeitzeugen des Jahrhunderts. Jedenfalls dürfte es wenige Biographien geben, in denen sich das ganze Elend der deutschen Geschichte ebenso eindrucksvoll widerspiegelt wie das Wunder ihrer Wende nach 1945. Schon deshalb fällt Eberles Lebensgeschichte aus dem Rahmen des Gewöhnlichen. Daß er zusammen mit seiner jüdischen Frau Else die zwölfjährige Hetzjagd des Dritten Reiches heil überstand, ist ebenso erstaunlich wie die Tatsache, daß er unmittelbar nach seiner tiefsten Erniedrigung die Treppe hinauffiel und zum hochangesehenen Herausgeber, Verleger und Miteigentümer der *Stuttgarter Zeitung* avancierte.

Beinahe jedoch hätte sich der Auserwählte selbst ein Bein gestellt. Jedenfalls will die Fama wissen, daß der gelernte und von den Nazis geschaßte Rundfunkredakteur

Im amerikanischen Nordwürttemberg die erste: die Stuttgarter Zeitung.

zunächst gezögert habe, das gesprochene Wort mit dem geschriebenen zu vertauschen. Schließlich jedoch erinnerte er sich eines alten Jugendtraumes, der da lautete: »Ich wollte schon immer einmal Millionär werden.«

Wie fing diese Erfolgsgeschichte an? Wie kam es dazu, daß der in Geschäftsdingen unerfahrene Poet diesen kometenhaften Aufstieg nahm?

Als sich die amerikanische Besatzungsmacht nach denen umsehen mußte, die dem Nazi-Terror widerstanden hatten, da gehörten Josef und Else Eberle zu den wenigen, die eine »weiße Weste« besaßen. Mehr oder minder harmlose »Mitläufer« gab es viele, auch eine beachtliche Zahl sogenannter »Unbelasteter«, die geschwiegen und oder sich geduckt hatten. Die Zahl der Unbeugsamen dagegen hielt sich in Grenzen.

Das allein jedoch hätte nicht ausgereicht. Eberle mußte auch sachliche Qualitäten vorweisen. Vor allem das fulminante Talent, seine Meinung so klar und entschieden formulieren zu können, wie es einer demokratischen Gesellschaft ansteht. Schon deshalb besitzt die Etablierung unabhängiger Zeitungen noch im Herbst 1945 symbolische Bedeutung. Sie wurde gleichsam zum Gründungsakt der neuen Demokratie. Am Anfang war das Wort, so könnte man sagen. Am Anfang stand die freie, von niemandem bevormundete oder gar befohlene Meinung. Folglich war es auch kein Zufall, daß die *Stuttgarter Zeitung* als erste im amerikanisch besetzten Nordwürttemberg eine Druckerlaubnis erhielt.

Wer Eberle gekannt hat, weiß, daß er für diese Pionierrolle geradezu geschaffen war. Die bei vielen Deutschen so unterentwickelte Zivilcourage gehörte zu seinen hervorstechendsten Charaktereigenschaften. Überdies war er nicht nur renommiert als Buchautor und Heimatdichter, sondern auch ein gelernter Journalist. Nicht genug damit: Dieser Feuerkopf beherrschte neben der englischen und der französischen Sprache sogar das ehrfurchtgebietende Latein, so daß jeder »Banause« ehrfürchtig schweigen mußte, wenn Eberle in die Gefilde der römischen Antike entschwand oder seine Scherze in mittelalterlichem Küchenlatein trieb. Etwas salopper formuliert, ließe sich bei ihm natürlich auch von einer überdurchschnittlichen Mundfertigkeit sprechen, die er denn auch vom ersten Tag seiner Herausgebertätigkeit benötigte. Eberle stand nämlich als Lizenzträger anfänglich keineswegs allein, sondern gehörte einem Dreiergremium an, das nach dem Willen der Besatzungsmächte die parteipolitische Vielfalt der kurz zuvor aus der Taufe gehobenen Demokratie repräsentieren sollte.

In diesem Punkt ging allerdings die amerikanische Pressepolitik nicht auf. Die angepeilte Verankerung einer pluralen Parteienstruktur in der deutschen Zeitungslandschaft erwies sich vielmehr als Flop. Zum Glück. Weil nur so verhindert werden konnte, daß die Zeitungen dem unersättlichen Zugriff der Parteien zum Opfer fielen. Wie sie das zu verhindern wußten, ist eine ebenso amüsante wie lehrreiche Story: Als am 17. September 1945 der zuständige amerikanische Presseoffizier in einem Festakt die Lizenzen für die *Stuttgarter Zeitung* aushändigte, waren drei Parteien mit von der Partie. Obwohl niemals irgendwo »Mitglied«, wurde Eberle den Sozialdemokraten zugerechnet, Dr. Karl Ackermann stand für die Kommunisten und Henry Bernhard, der ehemalige Privatsekretär des Reichsaußenministers Stresemann, gehörte dem nationalen Flügel des liberalen Lagers an.

Nach heutigen Maßstäben hätte es nahe gelegen, bei diesem Parteienmix dem Schema rechts und links zu folgen. Der Proporz scheiterte jedoch kläglich. Das Nachsehen hatten vor allem die Konservativen. Denn die CDU-CSU als »Union« befand sich damals noch in ihrer Gründungsphase, die erst nach Überwindung der konfessionellen Spaltung zwischen Katholiken und Protestanten zu einer handlungsfähigen Formation führte.

Naheliegend wäre auch eine Beteiligung der sogenannten Altverleger gewesen, die keineswegs alle mit den neuen Machthabern sympathisiert hatten. Einige von ihnen waren auf Betreiben des Propagandaministers Goebbels sogar entmachtet und enteignet worden, nicht zuletzt der schwäbische Großunternehmer Robert Bosch, der bereits 1909 durch seine Beteiligung an der »Stuttgarter Zeitungsverlag GmbH« (StZV) zum Begründer einer liberalen Zeitungstradition im deutschen Südwesten geworden war. Vor allem mit dem hochangesehenen *Neuen Tag-*

blatt schuf er ein eindrucksvolles Gegengewicht gegen die deutsch-nationale und präfaschistische Hugenberg-Presse. Noch in den ersten Jahren des NS-Regimes suchte das *Neue Tagblatt* seine kritische Position standhaft zu behaupten, geriet dann aber doch unter die Räder.

Diese für den politischen Wirrwarr jener Jahre so signifikante Episode muß vor allem deshalb erwähnt werden, weil sie für die Geschichte der nach 1945 neu gegründeten *Stuttgarter Zeitung*, und mithin auch für die Ära Eberle, eine entscheidende Rolle gespielt hat. Eine Rolle allerdings, die erst im Laufe der Zeit offenkundig werden sollte. Die Lizenzvergabe war nämlich nach reinem Besatzungsrecht erfolgt und insofern nur eine Notlösung. Bei der Neuordnung des Pressewesens war demzufolge die alles bewegende Frage unentschieden geblieben: Wem gehören eigentlich die neuen Zeitungen? Wer sind ihre rechtmäßigen Eigentümer? Vorweg sei nur soviel verraten, daß sich dieses Problem wenige Jahre nach der Lizenzvergabe mit zunehmender Drama-

Am 17. September 1945 erhalten Karl Ackermann, Henry Bernhard und Josef Eberle (von links) aus der Hand der Amerikaner die begehrte Zeitungs-Lizenz.

tik zuspitzte, ehe die Besitzverhältnisse definitiv geklärt werden konnten. Doch davon später mehr.

Die Besatzer jedenfalls nahmen von dieser Vorgeschichte keine Kenntnis und ließen die Alteigentümer durchweg unberücksichtigt. Folglich blieben sie bei der Rekrutierung der Lizenzträger vornehmlich auf jene Feuilletonisten angewiesen, die nach bewährter Tradition schon in der Weimarer Epoche eher links standen und sich als Antinazis profiliert hatten. Eberle und einige seiner Weggefährten zählten dazu.

Entsprechend kam es im Stuttgarter Herausgebergremium zunächst zu einer parteipolitischen Schieflage, die jedoch rasch jede Bedeutung verlor, da sich bei den Lizenzträgern »schier über Nacht« ein wunderbarer Wandlungsprozeß vollzog. Die vermeintlichen Parteivertreter mauserten sich nämlich kurzerhand zu glühenden Anhängern unternehmerischer Unabhängigkeit. Ergo nahmen sie von ihren politischen Jugendsünden schleunigst Abschied und verteidigten alsbald nach einem berühmten Bonmot ihr eigenes Kapital ebenso leidenschaftlich wie zuvor das »Kapital« von Karl Marx. Kaum bestallt und mit jenem Papier versehen, das nach einem weiteren Bonmot einer Lizenz zum Drucken von Geldscheinen gleichkam, mieden sie den Geruch der »Parteipresse« wie die Pest.

Partner beim Tübinger Schwäbischen Tagblatt: Will Hanns Hebsacker, ein alter Freund Eberles, und Dr. Ernst Müller.

Ähnliches spielte sich damals im benachbarten Tübingen ab, wo noch heute das *Schwäbische Tagblatt* (heute zugleich *Rottenburger Post*) gedruckt und verlegt wird. Die erste Lizenz für die Neugründung des *Schwäbischen Tagblatts* erhielt Will Hanns Hebsacker, ein lupenreiner Kommunist und Freund von Eberle. Partner von Hebsacker wurde Dr. Ernst Müller, seinerseits einer jener feuilletonistischen Außenseiter, die vom braunen Bazillus nicht befallen waren.

Wer glaubt, daß es sich bei der Schilderung dieser ideologischen Häutungen um belanglose Episoden handeln würde, irrt. Denn tatsächlich hat die deutsche Presse damals ihr bis zum heutigen Tage prägendes überparteiliches Profil gewonnen. Parteizeitungen oder Tendenzblätter (einschließlich der Kirchenblätter) waren ausnahmslos zum Untergang verurteilt, wenn sie nicht am Subventionstropf vegetieren wollten.

Für die *Stuttgarter Zeitung* lag es ohnehin nahe, an die schwäbisch-liberale Tradition des *Neuen Tagblatts* anzuknüpfen, die bis 1933 im sogenannten »Tagblatt-Turm« an der Eberhardstraße beheimatet war. In diesem eleganten Bau, der noch immer zu den markanten Wahrzeichen der Landeshauptstadt zählt, besaß die Neugründung *Stuttgarter Zeitung* zunächst einmal lediglich ein Gast- oder Nutzungsrecht, aber kein Eigentum. Ohnehin blieb die Druckerei, die nach schweren Kriegszerstörungen erst einmal mühselig aufgebaut werden mußte, im Besitz der alten Tagblatt-Holding »Stuttgarter Zeitungsverlag GmbH«. Kurzum: Die Herausgeber waren nur Mieter und keine Hausherren. Die Lizenz verbürgte lediglich die Druckerlaubnis sowie die Vertriebs- und Anzeigenerlöse, mehr nicht.

Hinzu kam, dass die Anfangserfolge höchst bescheiden ausfielen. Die Auflage war zwar riesig und betrug in den ersten Jahren über 400 000 Exemplare: Doch der Umfang blieb dürftig und beschränkte sich auf höchstenfalls sechs oder acht Seiten nur zweimal die Woche. Papier war Mangelware, und dies bei einem unersättlichen Hunger nach Information und geistigem Zubrot.

Der Umbruch der ersten Nachkriegsjahre mußte sich der Not gehorchend ohnehin erst einmal in den Köpfen vollziehen. Für diesen Läuterungsprozeß besaß keiner mehr Gespür als Eberle. Davon legt schon die erste Ausgabe der *Stuttgarter Zeitung* Zeugnis ab. Während Karl Ackermann mit einem Leitartikel unter der Überschrift »Es geht vorwärts« Trost spendete, verkündete Eberle auf der zweiten Seite den »Sieg des Geistes« über die »geistfeindliche Barbarei«. Und was aus heutiger Sicht vielleicht am erstaunlichsten klingt: Er trat weder als Besserwisser noch gar als Ankläger auf. Nie erlag er dem Versuch, seinen Widerstand gegen den Nazi-Terror zu heroisieren und als moralisches Druckmittel auszuspielen. Zwar wich er der Schuldfrage nicht aus; dennoch dominierten die versöhnlichen Töne, die an Gewissen und Nachdenklichkeit appellierten: »Es bleibt eine brennende Schmach für unser Volk«, so schrieb er, »dass sich seine politischen Kinder ... in den Abgrund des Ungeistes locken ließen.« Aber, so fügte er hinzu, »dies alles wird nicht gesagt, um zu verletzen und zu kränken. Wir sind alle Sünder vor dem Geiste.«

Bereits im Schlußabsatz dieses Artikels hat Eberle das immer noch gültige publizistische Programm der *Stuttgarter Zeitung* formuliert, die nach seinem Verständnis »besonders in ihrem kulturellen Teil, den höchsten Äußerungen des Geistes: der Dichtung, Kunst, Musik und Wissenschaft« dienen sollte. Dieses Gelöbnis entsprach dem Gebot der Stunde, in der die Menschen nach geistiger Orientierung verlangten. Nie waren die Kirchen, Theater und Konzertsäle voller als damals. Nie haben die Massen mehr nach Kultur gehungert als in der Zeit der leeren Mägen. Das entsprach genau den Neigungen von Eberle, der das überregionale Ansehen der *Stuttgarter Zeitung* ganz entscheidend über das Feuilleton-Ressort begründet hat.

Und zwar so nachhaltig, daß der stilprägende Einfluß Eberles noch immer spürbar ist. Er hat Traditionen begründet, deren Kontinuität ziemlich einmalig sein dürfte. So bewahrt die *Stuttgarter Zeitung* trotz aller Modernisierungen unverändert ihr klares Erscheinungsbild und ihren seriösen, auf Sensationslüsternheit verzichtenden Charakter. Noch immer behauptet der Leitartikel als Gütezeichen seinen Stammplatz auf der Seite eins. Gleiches gilt für die große Essayseite »Brücke zur Welt«. Seit mehr als fünfzig Jahren ist sie das intellektuelle Paradestück der Samstagbeilage, auf der unzählige prominente und profilierte Autoren ihre Visitenkarte abgegeben haben. Nicht zuletzt Eberle selbst, ihr Erfinder.

Sein vielleicht größtes Verdienst: Er war und blieb ein Zuchtmeister der an lateinischer Klarheit geschulten und geschliffenen deutschen Sprache. Wehe, wenn einer einen falschen Konjunktiv produzierte, hohle Phrasen drosch oder trockenes Bürokratendeutsch von sich gab. Dann konnte sich die Galle der Verachtung über den armen Sünder ergießen. Der Zorn des explosiven

Temperamentsbündels vermochte sich bis zur Kündigungsdrohung zu steigern. Womöglich lag es an seiner Herkunft aus der Bischofsstadt, daß er keine Skrupel besaß, selbst läßliche Sprachsünden als Todsünden zu deklarieren.

Hitzig ging es aber nicht nur in der Redaktion zu, sondern ebenso im Kreis der Herausgeber. Die vermeintlichen Partner erwiesen sich nämlich als Rivalen. Keiner wollte die zweite Geige spielen. Und so zeigte sich rasch, daß in der Konstruktion des Triumvirats der Konflikt geradezu vorprogrammiert war.

Jedenfalls ging es bereits nach einem Jahr zu Bruch. Ackermann suchte sein Heil beim *Mannheimer Morgen*, Bernhard sein Glück beim Konkurrenzblatt *Stuttgarter Nachrichten*.

Hernach wurde noch einmal ein Dreiergremium gebildet, dem nunmehr Franz Karl Maier und Dr. Erich Schairer angehörten. Während Maier nur ein kurzes Gastspiel gab und sich nach wenigen Jahren beim Berliner *Tagesspiegel* einkaufte, gewann Schairer, der einstige Mentor und Förderer von Eberle, nachhal-

An der Spitze der Redaktion die beiden Herausgeber Dr. Erich Schairer und Josef Eberle.

115

tigen Einfluß. Dieser journalistische Einzelkämpfer, der als links-liberaler Sozialist vor 1933 seine *Sonntags-Zeitung* beinahe im Alleingang gegründet und redigiert hatte, setzte nun die politischen Akzente. Eberle seinerseits blieb der im Grunde unpolitische Mann des Geistes, der durchaus imstande war, einen Leser wegen erwiesener Dummheit mit dem Entzug des Abonnements zu bestrafen. Sein Kompagnon dagegen erzog als erster die Redaktion zu peinlich genauer Recherche und zu knapper, konziser Sprache.

Indessen starb Schairer bereits Mitte der fünfziger Jahre, so daß Eberle nunmehr beinahe konkurrenzlos die Position als »geschäftsführender Herausgeber« behaupten konnte. Damit begann für den Rottenburger die gnadenreiche Zeit als Alleinherrscher und Alleinunterhalter. Mit einem Machtzuwachs, der sich alsbald auch in der Wortwahl kundtun sollte. Fortan hieß es nur noch: »Mei Zeitung«, »mei Redakteur«, »mei Geld«.

Sein Führungsstil als Vorsitzender der Redaktionskonferenz war entsprechend autoritär, aber doch eher von der milden Sorte, nicht selten außerordentlich anregend und stets vom Ehrgeiz bestimmt, das Niveau des Blattes so weit wie möglich zu steigern. In journalistischen Fragen regierte er jedenfalls liberal und generös, lediglich in Grundsatzfragen politischer Prinzipien zeigte er sich unbeugsam.

Als der populäre Stuttgarter Oberbürgermeister Arnulf Klett eine sogenannte »Teppich-Affäre« am Hals hatte, verfaßte der Herausgeber einen Leitartikel mit der lapidaren Überschrift: »Abtreten«. Genauso kompromißlos verhielt sich Eberle in Fragen der »Vergangenheitsbewältigung«. Sein Beispiel zeigt, daß es zu den unausrottbaren, aber irreführenden Legenden gehört, es habe unmittelbar nach dem Krieg keine ernst zu nehmende Auseinandersetzung mit der Schuld und Scham des tausendjährigen Reiches gegeben. In Einzelfällen, so bei der Verstrickung eines Kirchenmannes, scheute er kein Verdammungsurteil. Den Bundeskanzler Adenauer attackierte er sogar in einem »offenen Brief« mit der Forderung nach sofortiger Entlassung des Staatssekretärs Globke, der als Kommentator der Nürnberger Rassengesetze »untragbar« sei.

Bemerkenswert allerdings auch, daß Eberle Kollektivurteile ablehnte. Er bestritt, daß alle alles gewußt haben könnten. Zu diesem Thema hat er zahlreiche Artikel veröffentlicht, in denen er zwischen persönlicher und kollektiver Verantwortung behutsam zu differenzieren versuchte. Die Schärfe und Unabdingbarkeit, die mittlerweile üblich ist, wäre ihm mit Sicherheit fremd gewesen.

Geradezu köstlich, wenn aus heutiger Sicht allerdings auch etwas kurios, ist die Auseinandersetzung mit einigen Kinotheatern, die sich in den sechziger Jahren vorsichtig daran machten, für ihre Filme mit aufregend freizügigen Anzeigen zu werben. In Fragen des guten Geschmacks gab es jedoch keinen Pardon. Obwohl kein Sittenwächter, lehnte Eberle diese Annoncen kurzerhand ab und nahm finanzielle Einbußen in sechsstelliger Größenordnung hin. »Bei mir nicht«, so hieß die Botschaft. Entsprechend sein Kommentar, höflich und formvollendet, aber eindeutig: »Erlauben Sie mir hierzu zu bemerken, daß gerade *diese* Zeitung in dieser Frage schon zwar kostspielige, aber keineswegs etwa zu bereuende Beispiele (man beachte das rar gewordene lateinische Gerundivum) gegeben hat und immer wieder gibt.«

Auf der Höhe des Tagblatt-Turms: Bundespräsident Theodor Heuss und Josef Eberle.

Schwer vorzustellen, was Eberle zu den nackten Tatsachen in den Fernsehmedien von heute zu sagen gehabt hätte.

Wie auch immer: Es konnte nicht ausbleiben, daß Eberles Ansehen und Reputation immer mehr zunahm. Über ihn ergoß sich ein warmer Regen von Auszeichnungen. Die Hamburger *Zeit* gar erklärte ihn zum gebildetsten Journalisten Deutschlands. Kein Wunder, daß »der Professor«, wie er nun genannt werden wollte, dem redaktionellen Alltag zusehends entrückte und schließlich nur noch in höheren Sphären zu schweben begann.

Faktisch war er zwar der weithin anerkannte Repräsentant der

Stuttgarter Zeitung, nicht aber ihr »Alleinherrscher«, für den ihn viele hielten, vermutlich sogar er sich selbst. Auch wenn es ihm schwer fiel, hatte er schon im Dreierbund der Herausgeber seine Macht stets mit anderen teilen müssen. Noch einschneidender wurde dies bei den vor Gericht zäh ausgehandelten Entscheidungen über die Eigentumsfrage fühlbar. Bereits 1949 war sie durch einen sogenannten »Rückerstattungsantrag« aufgerollt und dann 1951 in einem salomonischen Kompromiß abschließend bereinigt worden. Danach gingen fünfzig Prozent der Zeitungsanteile der neu geschaffenen »Stuttgarter Zeitung Verlagsgesellschaft Eberle & Co« an die im Dritten Reich enteignete Tagblatt-Holding (heute die »Südwestdeutsche Medienholding GmbH«) zurück, deren Mehrheitseigentümer damals die Familie Bosch (und nicht etwa die Firma des gleichen Namens) gewesen war, so daß für Eberle und Schairer je 25 Prozent übrig blieben.

Zugleich wurde der Verwaltungsrat der *Stuttgarter Zeitung* zum Zentrum aller wichtigen verlegerischen Zukunftsentscheidungen. Damit entstand eine Pari-Pari-Situation mit den Lizenz-Verlegern auf der einen Seite und den Bosch-Erben auf der anderen Seite, deren Interessen von der damals noch im Familienbesitz befindlichen Deutschen Verlags-Anstalt (DVA) vertreten wurden.

Die Neuordnung der Beteiligungen sollte einschneidende Folgen haben; zwar anfänglich kaum erkennbare, aber für Eberles Entfaltungsmöglichkeiten am Ende doch sehr entscheidende. Zunächst einmal wurde eine Verbreiterung der redaktionellen Führungsspitze auf drei Mann gefordert. Dann, nachdem dieses Experiment gescheitert war, wurde Mitte der sechziger Jahre die Einsetzung eines »ordentlichen« und voll verantwortlichen Chefredakteurs durchgesetzt.

Noch massiver machte sich der Einfluß des Verwaltungsrates bemerkbar, als sich die Familie Bosch aus dem Zeitungsgeschäft zurückzog und ihre Anteile an der Holding veräußerte. Nunmehr traten neue Gesellschafter als gleichrangige Partner in die Holding ein: so die Medien-Union mit der *Rheinpfalz* in Ludwigshafen und die »Gruppe württembergischer Verleger«. Damit wurde zum einen eine breite Streuung der Eigentumsverhält-

nisse und zum anderen eine feste Verankerung in der südwest-
deutschen Zeitungslandschaft erzielt.

Hinter dieser von langer Hand verfolgten Strategie stand das
Konzept des sogenannten »Stuttgarter Modells«, dessen Realisa-
tion einen totalen Generationswechsel verlangte. Das heißt: Nach
Vollendung seines 70. Geburtstages im Jahre 1971 mußte Eberle
seinen Stuhl räumen und die Geschäftsführung der *Stuttgarter
Zeitung* an Eugen Kurz, die Schlüsselfigur der Gesamtplanung
bei der DVA, abtreten. Die Ära Eberle war zu Ende. Eugen Kurz,
der neue starke Mann, inszenierte nun den längst fälligen Mo-
dernisierungsprozeß. Seine wichtigsten Etappen: Umzug aus dem
zu klein gewordenen »Turm« ins Verlags- und Druckzentrum
Möhringen (heute »Pressehaus Stuttgart«), weitreichende ver-
legerische Aktivitäten auf mehreren Ebenen, schließlich umfassende technologische Umrüstung auf elektronisch gesteuerte Zei-
tungsproduktion.

Was Eberle betrifft, so ist ihm der Abschied von der allein-
seligmachenden Verantwortung alles andere als leicht gefallen.
Kein Wunder: Er war mit der Zeitung über 25 Jahren so eng ver-

*Beim 25jährigen Zeitungsjubiläum 1970
tanzt das Stuttgarter Ballett.*

wachsen, daß er sie, wenn schon nicht als sein Eigentum, so doch als sein Werk betrachtete. Keiner hat sie nachhaltiger geformt als er, das ist unstreitig. Doch die Zeiten, in denen die schärfer werdende Konkurrenz der Medien kontinuierliche Zukunftsplanungen verlangte, haben ihn gewiß überfordert. Konservativ, wie er zuletzt geworden war, hat er sich gegen diese Entwicklung gestemmt, sie aber nicht aufzuhalten vermocht.

Bis zu seinem Tod hat Eberle gleichwohl viele Jahre noch im neuen Möhringer Domizil residiert und in seiner Dichterklause zahllose geistvolle oder bissige Epigramme »gebosselt«. Manches deutet darauf hin, daß er seinen Groll über die allmähliche und unvermeidliche Ablösung nicht zu überwinden vermochte. So mag es sich erklären, daß er darauf verzichtete, eine ähnliche Stiftung zur Förderung begabter Journalisten ins Leben zu rufen, wie das die Familie Schairer getan hat. Gewiß hätte es für ihn auch noch andere und sehr viel weiter reichende Möglichkeiten gegeben, sich gleichsam selbst ein Denkmal zu setzen, denn er besaß die Mittel dazu. Doch war dies offenbar der kritische Punkt, an dem der vielbewunderte Eberle nicht über seinen Schatten zu springen vermochte.

Nach dem Tod seiner Frau 1989 ging schließlich der überaus ansehnliche Erlös des von Josef Eberle an der *Stuttgarter Zeitung* gehaltenen Anteils (der satzungsgemäß an die Holdings zurückgegeben werden mußte) an die amerikanischen Verwandten der beiden Eheleute. Gleichsam, als ob jede Spur der Erinnerung verwischt werden sollte. Dessen ungeachtet bleibt es jedoch dabei, daß Eberles publizistisches Erbe bei der *Stuttgarter Zeitung* noch immer mit Respekt und Dankbarkeit verwahrt wird.

ELSE GOELZ

Was machen wir morgen?
Die Konferenz der Fünfziger

Wenn um 12 Uhr mittags die Ressortleiter der Redaktion um den langen Tisch im ersten Stock des Tagblatt-Turms versammelt waren, betrat der Herausgeber Josef Eberle geschäftig den Raum, eilte zu seinem mit erhöhter Rückenlehne versehenen Stuhl am Kopf des Tisches, womit dokumentiert war, wer hier das Sagen hatte. Die jeweiligen Chefredakteure akzeptierten mit mehr oder weniger Frust diesen eigentlich nicht üblichen Umstand.

Josef Eberle eröffnete die Konferenz in der Regel mit der einen Neuling irritierenden Frage: »Was machen wir morgen?« Morgen? Aber es handelte sich nicht um das, was wir morgen machen würden, sondern um das, was wir »heute für morgen« machen wollten.

Manchmal ging es allerdings auch um das, was wir gestern für heute gemacht hatten. Wenn zum Beispiel in einer kritischen Glosse eine Sendung des Süddeutschen Rundfunks bemängelt worden war, was den amtierenden Intendanten Hans Bausch schon früh mit ärgerlichem Protest ans Herausgeber-Telefon getrieben hatte, dann gab es für das zuständige Ressort harschen Tadel. Gegenrede war nicht erwünscht.

Das nahm man gelassen, man wußte ja, daß Josef Eberle sich ebenso konsequent hinter seine Radaktion stellte, wenn sie zu Unrecht angegriffen wurde. So antwortete er einmal einem großen Kinobesitzer Stuttgarts auf dessen Klage, der Rezensent sei nur siebzehn Minuten in dem Film gewesen, den er verrissen habe: »Man muß keinen Liter Milch saufen, um festzustellen, daß sie sauer ist.« Er hatte sich zuvor informiert, daß es sich um einen jener amerikanischen Mantel- und Degen-Filme handelte, von denen dreizehn auf ein Dutzend gingen.

Eberle ging noch weiter. Als einige Zeit später ein Kinokonzern wegen einer ihm mißliebigen Kritik tatsächlich die Anzeigenaufträge von beträchtlicher Höhe kündigte, ließ der Herausgeber den damals noch nicht so gebräuchlichen Begriff von der Gewinnmaximierung völlig außer acht und erklärte uns: »Der braucht uns, nicht wir ihn!« Er behielt recht und auch den Redakteur, den er feuern sollte.

Nach der »Eröffnungsfrage« des Herausgebers teilte als erste die Politik, die rechts von ihm saß, aber es nie war, das Thema des Leitartikels mit. Der allerdings lag dem Herausgeber nur selten am Herzen. So passierte es einmal, daß der innenpolitische Kollege einen Leitartikel über Franz Josef Strauß ankündigte, zu einer Zeit (es war nach der »*Spiegel*-Affäre«), als FJS völlig im Abseits stand. Erst die schüchterne Frage einer Kollegin (davon gab es damals nur vier, die Quotenfrau war noch nicht erfunden), was wir denn jetzt über den Politiker sagen wollten, ließ

Redaktionskonferenz in den fünfziger Jahren:
»Was machen wir morgen?«

unseren Vorsitzenden stutzig werden: »Ja, was hend Se denn geschrieben?« Es war etwas Positives. Eberles Gebot lautete, daß der Artikel erst mal von der gesamten Redaktion gelesen werden müsse. Er wurde gelesen und erschien nie.

Nacheinander teilten dann die einzelnen Ressorts ihre Pläne mit, die gelegentlich Debatten hervorriefen, wenn Eberle ein Haar in der Suppe fand. Aber er begnügte sich meistens mit spöttischen Bemerkungen. Nur beim Bericht der »Wirtschaft« machte er uns manchmal darauf aufmerksam, daß wir nicht glauben sollten, er sei ein reicher Mann. Bei den Steuern, die er zahlen müsse. Wir machten ungläubige Gesichter, und er wußte, daß wir ihm nicht glaubten. Was im Sport, in Stadt und Land geschah, fand eigentlich nur gelegentlich sein Interesse, denn seine Neigung gehörte dem Feuilleton und da vornehmlich der Literatur.

Schließlich war er als Sebastian Blau *der* schwäbische Mundartdichter, und er war inzwischen auch ein moderner Lateiner geworden. Er hatte die alte Sprache für sich neu entdeckt, sie okkupiert und liebte es, lateinische Verse zu schmieden. Er las sie zwar nicht in der Redaktionskonferenz vor – das getraute er sich nun doch nicht –, aber mancher Kollege und manche Kollegin kannten den nachmittäglichen Anruf: »Eberle. Hen Se Zeit? Kommet Se ruff!« Was soviel bedeutete, daß er seine neuesten

»Kritik zu üben ist demokratische Pflicht.«
Eine Redaktionskonferenz der Stuttgarter Zeitung im Jahre 1950.

lateinischen Gedichte vorlesen wollte. Er brauchte Publikum. Zum Glück bekam man im dreizehnten Stockwerk des Tagblatt-Turms, wo er sein Dichter-Refugium hatte, auch immer gleich die deutsche Version mitgeliefert. Es wäre auch nicht gut gewesen, womöglich ebenso gut Latein zu können wie er.

Als in einer sehr lang andauernden Konferenz ein offensichtlich leicht genervter Kollege oder eine Kollegin einmal vor sich hinmurmelte: »Quo usque tandem, Catilina, abutere patientia nostra?« (Wie lange noch, Catilina, willst du unsere Geduld miß-brauchen?), traf ihn ein langer, strafender Blick. Er hätte es besser deutsch gemurmelt.

Aber nicht nur das Lateinische, das ihm dann die Ehrendoktor-würde der Tübinger Universität einbrachte, auch die deutsche Sprache stand unter seinem Schutz. Und mehr als einmal bekam die Redaktion seinen Stoßseufzer zu hören »Ihr machet mir mei Zeitung noch he!« Josef Eberle wußte genau, daß wir es nicht schaffen wollten und auch nicht würden.

Am Schluß der täglichen Konferenz beendete der Herausgeber alle Problemdebatten mit dem kategorischen Satz: »Heut löset mir's nemme!« Womit er meistens recht behielt.

Wiederabdruck eines Artikels aus der Jubiläumsausgabe
der Stuttgarter Zeitung vom 12. September 1995

CHRISTA KROHA

Schwabe oder Preuße?

Der Kuttelkrieg eint die Lager

*E*s war im September 1956. Die Leute vom Tagblatt-Turm hatten sich – aus heiterem Himmel, aber doppeltem Anlaß – in Freund und Feind gespalten. Hatte eben noch die Frage »Schwabe oder Preuße« für tiefe, dafür aber klare und eindeutige Fronten gesorgt, so versetzte der Kuttelskandal die Gemüter in eine Zwietracht viel komplizierterer Art.

Das mit den »Preußen oder Schwaben« verhielt sich so: Irgend jemand hatte plötzlich entdeckt, daß die Reingeschmeckten in der Redaktion die Oberhand gewonnen hatten. Zwar nur statistisch und hauchdünn, mit einer halben Person Mehrheit oder so, aber immerhin. Mehr als die Hälfte der Redaktionsangehörigen stammte von anderswoher, und das allein war in der noch jungen Gesamtschwabenmetropole ein Skandal. Mehr noch: ein Unrecht, das zum Himmel schrie und das durch die Einstellung mindestens eines hochkarätigen Urschwaben gesühnt werden mußte. Als jedoch die Sache bei der nächsten Redaktionskonferenz zur Sprache kam, hatten die Fremden auch noch die Stirn zu behaupten, sie seien eben die Schnelleren und daher für den journalistischen Job »prädestiniert«.

»Ehe ein Schwabe bis drei zählt, haben wir schon sämtliche Logarithmen nicht nur berechnet, sondern auch gedruckt und vertrieben«, höhnte die Berlinerin Else G. Darauf wandten die auf ihrem Heimatboden Beleidigten ein, dafür seien sie – nach dem Motto »Langsam, aber sicher« – die Solideren und Schreibbegabteren, und außerdem stünden ihnen außer ihrer kulturträchtigen Vergangenheit zwei Schreibsprachen (Dialekt und Hochdeutsch) zur freien Verfügung. Das wiederum wurde von der flinken Gegenseite mit weiteren Unverschämtheiten quittiert. Jeden Uhland konterten die Frechlinge mit zwei Humboldts, jeden Hauff mit zwei Gebrüdern Grimm. Sogar der Spruch: »Dummheit und Stolz wachsen auf einem Holz«, den ein Schwabe den dummstolzen Preußen entgegenhielt, wurde flugs zum »original Berliner Sprichwort« umgemünzt.

In diese aufs äußerste gespannte Atmosphäre brach nun auch noch der offene Kuttelkrieg ein, dessen Fronten zu allem Übel keineswegs so verliefen, wie die schwäbischen Patriarchen des Blattes es sich gewünscht hätten, nämlich Kuttelfreunde hie auf der eigenen, Kuttelfeinde dort auf der preußisch-gegnerischen Seite.

Zugespitzt hatte sich die Sache dadurch, daß Herr Eberle – damals noch einfach »Herr« und sonst gar nichts – in der Konferenz von einem seiner berühmten An- und Ausfälle erfaßt wurde. Ihm sei zu Ohren gekommen, schrie er, daß die vom Koch Nüchter befehligte Kantine immer dann leer bleibe, wenn er sich (in den schwindelnden Höhen seines Studierzimmers) alle Finger einzeln ablecke, nämlich am Kutteltag. Den gab es damals immer dann, wenn es den *Primus inter pares* im Tagblatt-Turm nach seinem Lieblingsessen gelüstete. Und es gelüstete ihn oft.

Nicht jeder im Haus teilte nun aber die Leidenschaften seines Herrn. Man blieb dem firmeneigenen Mittagstisch an besagten Kutteltagen fern, schlich sich ins nahe gelegene »Santa Lucia« und ließ sich, wozu war man Journalist, das Essensgeld wieder ausbezahlen. Offiziell waren natürlich die »Veranstaltungen« daran schuld, die vielen Pressekonferenzen, Tagungen etc., die von ihren Initiatoren neuerdings immer häufiger in die Mittagsstun-

---

Speisekarte

FÜR DIE WOCHE VOM 10. BIS 14. SEPTEMBER 1956

MONTAG, 10. SEPTEMBER

Estomago à la Franco
con huevos y uvas

DIENSTAG, 11. SEPTEMBER

Würzburger Schnickerli
mit Meefischli

MITTWOCH, 12. SEPTEMBER

Stomaco à la Gordian
con spaghetti e frutti di mare

DONNERSTAG, 13. SEPTEMBER

Sülze à la Prussienne
mit viel zu viel Kartoffeln

FREITAG, 14. SEPTEMBER

Stomachus* acidus Ciceronis more
cum lauro ricinoque

* STOMACHUS *(lateinisch)* = der Magen, der Geschmack, *die Empfindlichkeit, die Reizbarkeit, der Unmut, der Ärger, die üble Laune (Georges Lateinisch-deutsches Handwörterbuch Bd. II Spalte 2813)*

---

den verlegt würden, was den Kuttelgenuß im Haus »zum eigenen Leidwesen« immer wieder verhindere.

Als der Chef das alles erfuhr (und nachdem das Tierheim wieder einmal für eine ganze Wagenladung nahrhafter Innereien gedankt hatte, die »den Hunden so gut bekommen seien«), platzte ihm der Kragen: »Das nächste Mal fehlt mir niemand! Himmelkreuzdonnerwetter noch einmal! Da werden die Kutteln nicht nur von mir und den Hunden genossen. Ich werde euch schon noch auf den Geschmack bringen! Und die Essensmarken werden auch nicht

mehr zurückgegeben! Außerhausveranstaltungen zur Mittagszeit finden künftig nicht mehr statt!«

Da hatten wir's. »Lieber sterben, als dem seine Eingeweide fressen«, flüsterte mir ein aus Danzig Hereingeschmeckter pietätlos zu, als wir das Konferenzzimmer verließen. »Was tun?« seufzten andere Kuttelfeinde, und einer orakelte: »Ich werde einfach vorher krank, weil ich sonst nachher krank würde.« Die Kollegen vom Feuilleton fühlten sich bis ins Mark in ihrer schon immer etwas anspruchsvolleren Gaumenfreiheit getroffen, und einer der Dauerbesucher des »Santa Lucia« meinte: »Sich den Kragen brechen oder Kutteln – das ist hier im Haus die Frage«, was nun wieder einen Kuttelfreund erboste, der, an die Adresse der »elitären« Preußen gerichtet, maulte: »Ihr wißt ja noch nicht einmal, wie man Kutteln schreibt.« Da kritzelt doch mein Nachbar frech auf sein Notizpapier: »Kuddeldudelei und Kuddelmuddel um die gute Schwaben-Kuddel« und drunter: »Über Josephs Kudeln kommt meine Seite ins Trudeln.«

Der Tag des Strafgerichts rückte näher. In der Redaktion häuften sich die Dienstreisen und Abmeldungen. Ein Kuttelfeind, Feinschmecker aus dem Badischen, soll sogar, wie man munkelte, vorzeitig seinen Jahresurlaub angetreten haben. »Jeder von euch«, so hatte Josef gewettert, »wird mir einzeln berichten, ob ihm die Kutteln geschmeckt haben, und wehe, wenn nicht!« Manche sprachen von Kündigung, einer gab sich als Vegetarier aus, und alle wünschten den »Kuttelimperator« dahin, wo der Pfeffer wächst, »damit er sich dort seine Schlachtviecher würzen kann«.

Die Obrigkeitswillkür einte sogar die feindlichen Schwaben-Preußen-Lager. So erklärte ein Kuttelliebhaber aus Heslach oder Cannstatt, er esse Kutteln künftig nur noch bei seiner Frau, »damit hier alles für den Magenschänder Eberle übrig bleibt«.

Das Zwangsessen fand, Wunder über Wunder, dann aber gar nicht statt. Vielleicht hatte Madame Eberle ihren Angetrauten zur Toleranz ermahnt: »Durch deinen Kuttelerlaß kommt das Tierheim zu kurz...« Oder der Koch versuchte sich als Salomo. Jedenfalls behauptete er (er, der immer wollte, daß es allen schmeckte!), die Lieferung habe diesmal nicht für alle gereicht.

Durch das Redaktionspalaver sei nämlich der Weltmarktpreis für Kutteln so sprunghaft gestiegen, daß er damit vorerst nur die Chefetage bekochen könne. Für unsereins gab es dann Schnitzel mit schwäbischem Kartoffel- und preußischem Gurkensalat und anderntags eine Friedenspfeife beim Kuttel-Cäsar des Blattes.

Und von jenem bemerkenswerten Tage an gab es in der Tagblattkantine und später auch noch in der Kantine des Möhringer Pressehauses am Kutteltag immer ein »Zweitgericht«. Für die Andersgläubigen, versteht sich.

Wiederabdruck eines Artikels aus der Jubiläumsausgabe
der Stuttgarter Zeitung vom 12. September 1995

BERNHARD FISCHER

»*Die beste Leistung meines Lebens*«

Eberles Cotta-Stiftung nach Marbach

Als Adolf Kröner im Jahr 1889 die Johann Georg Cotta'sche Buchhandlung erwarb, übernahm er neben den Verlagsrechten, der Druckerei und dem Verlagslager auch die Registratur des für die deutsche Kultur- und Geistesgeschichte des 19. Jahrhunderts wohl bedeutendsten deutschen Verlags. In der Folge kümmerte sich der Kröner-Verlag intensiv um die Bewahrung und Erschließung dieses Geschäftsarchivs, nicht zuletzt dadurch, daß er einen eigenen Archivar – über lange Zeit Herbert Schiller, den späteren Stuttgarter Stadtarchivdirektor – mit seiner Pflege betraute.

Wie sehr er sein Erbteil pflegte, illustrieren zwei denkwürdige Ereignisse. Als im Jahr 1928 bei einer Stargardt-Auktion insgesamt 1250 Autographen, verteilt auf 208 Nummern, aus der »Sammlung S.« angeboten wurden, deren Zugehörigkeit zum Cotta-Archiv offenbar war[1], ersteigerte Kröner einen Großteil dieser Sammlung – übrigens sicherte sich das Schiller-Nationalmuseum bei dieser Gelegenheit mehrere Brieffolgen schwäbischer Autoren an Cotta, unter ihnen Ludwig Uhland und Justinus Kerner. Und kurz nach dem Beginn des Zweiten Weltkriegs dachte Kröner schon an die Sicherung des Archivs durch Auslagerung aus Stuttgart, das man, weitsichtig, als vom Luftkrieg bedroht sah. Ein Angebot des Schiller-Nationalmuseums, das Cotta-Archiv dort zu verwahren, wurde abgelehnt. Schließlich gelangten die »Zimelien« in den Tresorraum des Staatsministeriums, bevor das Ganze in mehreren Schüben nach Kochendorf und Bad Friedrichshall verbracht wurde, um dort in Salzbergwerken eingelagert zu werden.[2]

So kam es, daß, als 1943 in einer Bombennacht Gebäude und

Lager des Kröner-Verlags in Flammen aufgingen, das Archiv bis auf wenige, allerdings unschätzbare Ausnahmen (das »Verlagsbuch 1807–1828« und der Briefwechsel zwischen Johann Friedrich Cotta und Charlotte von Schiller) überlebte. Sogar noch während des Brandes gelang es, die Archivbibliothek und einen Großteil der »Hertzschen Faszikel« den Flammen zu entreißen. Der Verlag aber lag in Trümmern, und die Währungsreform 1948 versetzte ihm einen weiteren schweren Schlag.

Um die für den Wiederaufbau notwendigen Mittel zu beschaffen, begann Adolf Robert Kröner nach dem Tod seines Vaters, des Kommerzienrats Robert Kröner, Eigentümer des gleichnamigen Verlags, einzelne Konvolute aus dem Archiv der zugehörigen »J.G. Cotta'schen Buchhandlung Nachf.« zu verkaufen. Unter anderen wechselten die Briefe des Zürcher Pädagogen Johann Heinrich Pestalozzi, des aus Schaffhausen stammenden Historikers Johannes von Müller, die Briefe Johann Peter Hebels, Jacob Burckhardts und Gottfried Kellers in große öffentliche Schweizer Bibliotheken.[3]

Offenbar wollte Kröner dann das ganze Archiv verkaufen, hatte er es doch einem »der potentesten Schweizer Antiquare – als Ganzes oder zu Teilen? –«[4] angeboten. Es drohte die Zerstreuung einer Handschriftensammlung, deren literar- und kulturhistorischer Rang unmittelbar an die Rolle der J.G. Cotta'schen Buchhandlung als des Verlags Schillers und Goethes, ja als *des* Klassikerverlags des 19. Jahrhunderts geknüpft war und deren außerordentliche, ja »nationale« Bedeutung der von Wilhelm Vollmer edierte »Briefwechsel zwischen Schiller und Cotta«[5] sowie die dreibändigen »Briefe an Cotta«[6] – ein Panorama der Größen der deutschen Geisteswelt von der Goethezeit bis Bismarck – erahnen ließen. Der Verlust ins Ausland schien unabwendbar, da das Cotta-Archiv als Privatsammlung nicht auf dem – im übrigen im Krieg verbrannten – »Denkmalverzeichnis« stand, das die mit einem Ausfuhrverbot belegten Kulturgüter benannte.[7]

Dies war der Moment, in dem die Herausgeber der *Stuttgarter Zeitung,* zunächst Erich Schairer, dem die Angelegenheit zugetragen worden war, dann aber vor allem tätig eben Josef Eberle, eingriffen. Ihm war zu diesem Zeitpunkt die volle Bedeutung der Cotta'schen Handschriftensammlung keineswegs bewußt. Eine konkretere Vorstellung von dem, was die »Handschriftensammlung« enthielt, gewann er erst, als er die Sammlung im Überlinger Gallerturm in Augenschein nehmen konnte und ihm eine Liste mit genaueren Angaben über die Bestände nur der prominentesten Autoren – naturgemäß zur überschlägigen Bestimmung des Kaufpreises – vorlag. Dieses »Verzeichnis der im Archiv des Cotta-Verlags in Überlingen vorhandenen Sammlungen mit einer geschätzten Bewertung«[8] führte auf:

- »Mehr als 7 000 Briefe von Dichtern«,
- »Mehr als 600 Briefe von Philosophen«,
- »Mehr als 4 000 Briefe von Fürsten und Politikern«,
- »Mehr als 2 900 Briefe von Historikern und Sprachwissenschaftlern«,
- »Mehr als 2 100 Briefe von Naturforschern, Erfindern, Pionieren der Technik«,
- »Mehr als 5 600 Briefe von Juristen, Nationalökonomen, Soziologen, Publizisten und Journalisten«,
- »Mehr als 800 Briefe von Künstlern und Kunstwissenschaftlern«, dazu
- »Mehr als 125 Manuskripte grösseren und kleineren Umfangs, teilweise eigenhändig, teilweise von Schreiberhand« und noch 286 Blatt Handzeichnungen von Johann Wilhelm Tischbein und Bonaventura Genelli. Unberücksichtigt ist hierbei noch der Kern des Kerns der Handschriftensammlung: die Handschriften der »Weimarer Klassiker«, die nach einem alten Verzeichnis von 1943 »32 Posten mit 2 543 Briefen bzw. 7 442 beschr. Seiten« umfaßten.[9]

Eberle war begeistert und um so mehr von der Notwendigkeit überzeugt, hier eingreifen zu müssen. Bestärkt wurde er durch den Direktor des Schiller-Nationalmuseums Erwin Ackerknecht und durch den damaligen Bundespräsidenten und gebürtigen Schwaben Theodor Heuss, dem er im Juli 1952 bei einem gelegentlichen Besuch in Stuttgart eben diese Liste zeigte. Und wenn es Eberle am Anfang vor allem darum gegangen war, die unschätzbaren Handschriften der »klassischen Autoren« für Deutschland zu retten, so machte ihm erst Theodor Heuss die wahre Bedeutung dieser Handschriftensammlung bewußt, die ebenso in der Menge wie im Rang der vertretenen Autoren wie in der universalen Breite der vertretenen Disziplinen besteht. Bei diesem Gespräch ging Eberle auf, wie sehr das Cotta-Archiv eine untergegangene Welt gleichsam von der Spitze her repräsentiert. Abzulesen ist das an der eigentümlichen Schilderung dieses Treffens im Parkhotel, in der das Staunen über das Wissen und die Belesenheit des Bundespräsidenten eins ist mit dem plötzlichen Leben, das diese Kenntnisse den vorher angestaubten, ja toten Namen einhauchen, und mit dem aufgehenden Stolz, einen schier unerschöpflichen Schatz gefunden zu haben. Noch 1961 bei seiner Rede zur Stiftungsfeier bemerkt er dankbar:

Damals durfte ich, freudig erregt und nicht ohne Stolz, dem Bundespräsidenten Heuss bei einem seiner Besuche in Stuttgart von dem Ankauf berichten; an Hand eines grob-überschlägigen Verzeichnisses nannte ich ihm viele Dutzende von Namen, die mit Handschriften im Cotta-Archiv vertreten sind, berühmte, bekannte, vergessene und unbekannte – wenigstens mir unbekannte. Professor Heuss aber war kaum ein Name fremd, zu jedem wußte er ein biographisches Detail, ein veröffentlichtes Werk, eine zeitgeschichtliche Beziehung, eine Anekdote. Und ich meine noch heute, daß mir erst da die volle, unendlich weitläufige Bedeutung des Cotta-Archivs aufgegangen sei, dieses feinen, engmaschigen Gewebes von Namen, Beziehungen und Werken, in dem auch dem unscheinbarsten Fädchen Sinn und Wert zukommt, und wäre es auch nur als reizvollem Farbtupfen in dem bunten Gobelin.[10]

Dann ging alles sehr schnell: In der zweiten Hälfte des August 1952 schlossen Eberle und Schairer mit Kröner den Vertrag über den Kauf der Handschriftensammlung des Cotta-Archivs ab, um sie dem Schiller-Nationalmuseum als »Depositum« zu überlassen. Am 23. August 1952 wurde der Kauf in der *Stuttgarter Zeitung* bekannt gemacht. Am 4. September 1952 schrieb Theodor Heuss aus Bonn an Eberle[11]:

Lieber Eberle!

Erst dieser Tage, als ich einige liegen gebliebene Sachen aufarbeitete, habe ich die Mitteilung näher durchgelesen, in der die »Stuttgarter Zeitung« den Erwerb der Cotta'schen Handschriften-Sammlung mitgeteilt hat. Wir haben ja in einem früheren Zeitpunkt einmal von diesem in der Heimat noch lagernden geistigen Schatz gesprochen und von der Sorge, daß er, wenn auch vielleicht nur in Teilen, in die Welt hinauswandern könnte.

Ich finde es eine wunderschöne Sache und möchte das Ihnen aussprechen dürfen, dass Eure Entschlusskraft diesen einzigartigen Schatz, soweit er einheitlich geblieben ist, in seiner Gesamtheit erworben und dem Schiller-Museum in Marbach als Leihgabe zur Auswertung zur Verfügung gestellt hat. Wenn ich die Dinge richtig sehe, bildet dieses Archiv für 100 Jahre deutschen Geistes in dessen mannigfacher Sonderprägung eine Art von Pantheon und zugleich auch ein Denkmal für die Strahlkraft, die von einer grossen und wagenden Persönlichkeit über ihre Lebensdauer hinaus wirken konnte.

Ihr habt Euch durch diesen Entschluss »um das Vaterland verdient gemacht«.

Mit dankbarem Gruss
Ihr
Theodor Heuss

Am 25. November 1952 fand dann die feierliche Übergabe als Dauerleihgabe in das Schiller-Nationalmuseum statt, bei der die Herausgeber der *Stuttgarter Zeitung* eine Kassette mit den 230 Briefen Schillers an Johann Friedrich Cotta stellvertretend für den Gesamtbestand an Erwin Ackerknecht überreichten.

Mit der Überlassung als »Depositum« endete die Fürsorge der *Stuttgarter Zeitung* keineswegs: Großzügig unterstützten Eberle und Schairer auch die weitere Erschließung des Cotta-Archivs im Schiller-Nationalmuseum, indem sie die eingearbeitete Archivarin Liselotte Lohrer, die nach dem Krieg das Archiv im Gallerturm in Überlingen betreut und es auch nach Marbach zu überführen geholfen hatte, bis zur Stiftung des Cotta-Archivs, also zur definitiven Übereignung an das Deutsche Literatur-

*𝒥osef Eberle und Erich Schairer
übergeben am 25. November 1952
die Cotta'sche Handschriftensammlung
als Dauerleihgabe an den Direktor des
Schiller-Nationalmuseums, Erwin
Ackerknecht. 1961 wandelte Eberle das
»Depositum« in eine Stiftung um.*

SCHENKUNGS-VERTRAG

zwischen der

Stuttgarter Zeitung Verlagsgesellschaft Eberle & Co. in Stuttgart
vertreten durch Herrn Professor Dr. phil. h. c. Josef Eberle
Herausgeber der Stuttgarter Zeitung

und der

Deutschen Schillergesellschaft in Marbach am Neckar und Stuttgart
vertreten durch ihren Präsidenten. Herrn Dr. Wilhelm Hoffmann
Direktor der Württembergischen Landesbibliothek

über das

COTTA-ARCHIV

vom 9. November 1961

archiv, bezahlten. Auch ermöglichten sie mit weiterer finanzieller Unterstützung die Ergänzung der Bestände. Von besonderer Wichtigkeit war dabei der Kauf der Archivbibliothek des Cotta-Archivs von Kröner Ende 1954, deren umfangreicher Bestand von mehr als 13 000 Bänden einen Großteil der von Cotta verlegten Bücher, Zeitungen und Zeitschriften enthielt.[12]

Die Archivbibliothek wurde dann geteilt: Doubletten und Veröffentlichungen nach 1864 (insgesamt 6 000 Bände) wurden der Württembergischen Landesbibliothek in Stuttgart gestiftet, die große Teile ihrer Bestände, vor allem an Periodica, im Krieg verloren hatte. In das Schiller-Nationalmuseum aber wurde als Leihgabe der eigentliche Kern des Bestands (insgesamt 7 000 Bände) gegeben, die Veröffentlichungen der Zeit von 1659, dem Gündungsjahr des Verlags, bis zum Stichjahr 1864, dem Todesjahr Georg von Cottas, sowie die späteren Ausgaben der Klassiker und die Handbibliothek. Herausragend waren die rund 1 200

Bände allein an Goethe- und Schiller-Ausgaben, darunter fast alle Erstdrucke und Werkausgaben. Von geradezu unschätzbarem Wert aber für die weitere Erschließung des Archivs wie für die literatur- und allgemeingeschichtliche Forschung sind die damals erworbenen »Redaktionsexemplare« der bedeutendsten politischen Tageszeitung des 19. Jahrhunderts: Cottas Augsburger *Allgemeiner Zeitung* (1798-1899), für die u.a. auch Heinrich Heine schrieb, des *Morgenblatts für gebildete Stände/gebildete Leser* (1807 bis 1865) und des *Auslands* (1828–1893). Nur in diesen »Redaktionsexemplaren« sind bei den Beiträgen zum Zweck der Honorarabrechnung die Namen der Autoren annotiert, wodurch die sonst weitgehend anonym publizierten Artikel allesamt zugeschrieben werden können. Alles dies wurde im Rahmen einer Feier am 3. Mai 1955 – im Vorfeld der Feiern zu Schillers 150. Geburtstag, bei denen auch Thomas Mann sprechen würde – übergeben. Vollendet wurde die Tat eines beispielhaften Bürgersinns dann am 9. November 1961, als Eberle als Alleinherausgeber der *Stuttgarter Zeitung* – Erich Schairer war 1956 gestorben – das »Depositum« in eine Stiftung umwandelte.

Die Herausgeber der *Stuttgarter Zeitung* waren Glückskinder. Und je glücklicher sie sich durch genauere Kenntnis schätzten, desto mehr wurde ihr Glück noch gesteigert durch das, was in der Folge zu Tage trat. Welcher Schatz dem Schiller-Nationalmuseum durch die *Stuttgarter Zeitung* beschert wurde, war zum Zeitpunkt der Erwerbung für Eberle und Schairer nicht entfernt absehbar. Die erste Verlautbarung in der *Stuttgarter Zeitung* vom 23. August 1952 nannte die 270 Goethe- und 230 Schillerbriefe sowie »7 000 Briefe von anderen Dichtern und Schriftstellern«, darunter Jean Paul, Heinrich Heine, Heinrich von Kleist, Justinus Kerner, Eduard Mörike und Christoph Martin Wieland, 600 Briefe von Philosophen, 6 000 Briefe von Wissenschaftlern und weitere 6 000 von »Publizisten, Künstlern, Kunstwissenschaftlern, Musikern usw.« und über 100 Manuskripte berühmter Autoren. Bei der Übergabe des Depositums nannte der Vertrag 25 000 Handschriften.

Doch das war, wie sich bald herausstellen sollte, nur die Spitze des Eisbergs. Die erste zuverlässige Zahl entnimmt man dem ersten Band des von Liselotte Lohrer erarbeiteten Bestandsverzeichnisses »Dichter und Schriftsteller« aus dem Jahr 1963, das für die Handschriften »ingesamt etwa 150.000 Briefe, 50 Autorenkopierbücher, rund 600 Druckvorlagen und Manuskripte und 100 bis 150 Pakete mit Korrekturabzügen« angibt,[13] alles aus einem Zeitraum von etwa 1790 bis zum Anfang des 20. Jahrhunderts. Damit ist das Cotta-Archiv, das neben der Registratur der J.G. Cotta'schen Buchhandlung noch die der später von Kröner gekauften Verlage Hertz und Liebeskind und überdies die Nachlässe von Sudermann und Victor Hehn sowie Cottasche Familienpapiere enthält, wohl das größte überlieferte und das besterschlossene deutsche Verlagsarchiv aus dem 19. Jahrhundert.

Aber die schiere Masse der übernommenen Materialien sagt wenig über den Rang des Cotta-Archivs als Quelle für die deutsche Literatur- und Kulturgeschichte im weitesten Sinne, vor allem aber auch für die Verlagsgeschichte des 19. Jahrhunderts. Der wird erst deutlich, wenn man einen etwas mehr als oberflächlichen Blick auf das wirft, was kurz »Cotta-Archiv«, und jetzt Josef Eberle und nicht zu vergessen Erich Schairer sei Dank »Cotta-Archiv (Stiftung der *Stuttgarter Zeitung*)« heißt. Welchen Wert das Ensemble aus Korrespondenz, Verträgen, Geschäftsbüchern und sonstigen Materialien hat, wie die verschiedenen Gattungen der Archivalien ineinandergreifen und sich gegenseitig ergänzen und kommentieren, sei exemplarisch vorgeführt am Beispiel der Bestände zu Goethe, der

Blick in das Magazin des Cotta-Archivs. Im Vordergrund rechts das Redaktionsexemplar der 1758 gegründeten Allgemeinen Zeitung.

sich eben nicht erschöpft in seinen eigenen Briefen (270 Stücke), Verträgen, Manuskripten und Schriften.

Besonders erkenntnisträchtig ist der Berg von verlagsinternen Materialien, vor allem die überlieferten Geschäftsbücher: Das im Cotta-Archiv überlieferte Hauptbuch des Verlags – das »Verlagsbuch 1787-1806« – bietet ein lückenloses Konto mit sämtlichen Angaben zu allen von Cotta in diesem Zeitraum übernommenen Schriften, mit sämtlichen detaillierten Honoraren und Zahlungen, deren »Übermachung« in den »ContoCorrentbüchern« zu verfolgen ist. Das »Verlagsbuch«, das alle finanziellen Vorgänge mit Geschäftspartnern, angefangen von den Autoren über Zeichner und Kupferstecher bis zu den Papierfabrikanten und Druckern enthält, bietet zudem auch genauen Aufschluß über die Druckgeschichte der Goetheschen Schriften.

Vom Jahr 1800 an geben die »Druckauftragsbücher« Aufschluß über die Verlagsgeschäfte: über Projekte, auch über solche, die nie oder erst viel später verwirklicht wurden, über die Realisierung von Ausgaben, über Änderungen im Laufe von Ausgaben – so etwa bei Goethe die Aufstockung der großen Gesamtausgabe »B« (1815–1819) –, bis hin zu den bezahlten Manuskripten, die im Verlag auf die Veröffentlichung warteten. Hinzu kommen die Briefe von Druckern wie Frommann in Jena, der eine Vielzahl der Goetheschen Schriften druckte, und tausende Briefe des Faktors Wilhelm Reichel, der 1810 bis 1824 zuerst der Stuttgarter, dann der Augsburger Druckerei vorstand und fast täglich seinem Prinzipal Rechenschaft über die laufenden Geschäfte ablegte. Schließlich geben die erhaltenen »Verlags-Inventarien« (1808–1810, 1816–1818, 1824–1829) den Lagerbestand an Goethes Schriften und mithin die Absatzentwicklung detailliert wieder. Ergänzend treten die Briefe natürlich Schillers, des ersten Vermittlers zwischen Goethe und Johann Friedrich Cotta, und Sulpiz Boisserées hinzu, der an dem Zustandekommen des Vertrags zur »Ausgabe letzter Hand« entscheidenden Anteil hatte; über die Zeit nach Goethes Tod geben die Briefe des Kanzlers Müller, des Bevollmächtigten von Goethes Erben, Auskunft.

Denkt man daran, daß aus den Geschäftspapieren Auflagenhöhe und Druckgeschichte nahezu jedes von Cotta im Zeitraum von 1787 bis 1890 verlegten Werks zu rekonstruieren ist, dann wird faßbar, was eine Zerstreuung für das Cotta-Archiv bedeutet hätte und was die Rettungstat Josef Eberles und Erich Schairers wirklich bedeutet. Nur das vollständige Ensemble bietet den Zusammenhang des vielgestaltigen Materials, in dem auch das Unscheinbarste oft genug der entscheidende Hinweis ist. Gerade dieses aber – nicht die Autographen berühmter, bedeutender und namhafter Autoren, die leicht ihren Käufer auf dem Autographenmarkt gefunden hätten – wäre der Zerstreuung zum Opfer gefallen.

Welche Bedeutung aber das »Depositum« vom Jahr 1952 für den Gesamtbestand des Deutschen Literaturarchivs hatte, läßt

Josef Eberle (links) und Liselotte Lohrer (rechts) mit Katia und Thomas Mann 1955 in der Marbacher Ausstellung.

sich nur ermessen vor dem Hintergrund, daß das Schiller-Nationalmuseum, als es am 20. September 1947 nach der Rückführung und Ordnung der Sammlungen aus dem Salzbergwerk wiedereröffnet wurde, »bloß« über 100000 Handschriften beherbergte. Die Stiftung des Cotta-Archivs stellte also mehr als eine Verdopplung, ja eine Verdreifachung des Gesamtbestandes dar. Was Wunder, daß angesichts des Umfangs wie der »nationalen« Bedeutung das Cotta-Archiv auch für die Geschichte des Deutschen Literaturarchivs »Epoche machte«. Nicht zuletzt die Übernahme des Cotta-Archivs war für die aus dem Schwäbischen Schillerverein hervorgegangene Deutsche Schillergesellschaft ein gelegener Anlaß, das »Schiller-Nationalmuseum« durch die Gründung des »Deutschen Literaturarchivs« zu erweitern und der ganzen deutschen Literatur der Moderne eine Heimstatt zu bieten, in deren »unterirdischen Himmel« schließlich auch die Nachlässe Josef Eberles und Erich Schairers eingingen.

MONIKA BALZERT

Rühmen und gerühmt werden

Josef Eberle als lateinischer Dichter

osef Eberle blickt im Turmhaus in Stuttgart über Länder und Zeiten, als Herausgeber der *Acta Diurna*, das heißt der Stuttgarter Zeitung.« Der Züricher Kollege Max Rychner, ebenfalls als Humanist in der deutschsprachigen Zeitungslandschaft namhaft, kennzeichnete den Freund 1963 in der »Zeit«[1] auf dem Gipfel seines Wirkens für ein lateinisch geprägtes Europa alter Kultur und lebendiger Tradition.

Wem nützen lateinische Gedichte? Wann begann Eberle mit dem Luxus, lateinisch zu dichten, vielen unverständlich? Als er im Juni 1955 darstellt, was »Lateinisch dichten« heißt, ist der Wandel vollzogen. Nach Publikation der »Laudes« 1959 steht er fertig da als lateinischer Poet – der Heidelberger Gräzist Franz Dirlmeier rühmt ihn als »Verfasser lateinischer Kostbarkeiten, …einen Mann des kalkulierenden Geschäfts, der zugleich auf Latein nicht etwa nur Verse zu machen, sondern wirklich zu dichten versteht«[2]; in der »Viva Camena« 1961 sind Eberles Gedichte nach Walter Sontheimer »besondere Perlen dieser neulateinischen Dichtung«: »Echte Dichtung – auch lateinische – muss aus dem Innersten quellen, und sie kommt in der akzentuierenden Reimdichtung voll und ganz zur Geltung.«[3]

Josef Eberles unwahrscheinliche Sprach-Metamorphose fand in Stuttgart statt. Wenn seine Lateinanfänge in die Schulzeit nach Rottenburg zurückweisen, hatte er doch nie daran gedacht, *poeta latinus* zu werden. Aber Fürsprecher, Liebhaber des Schulfaches Latein war er seit dieser Zeit, das erfuhren die Zeitungsleser am 6. Juli 1946 bei der Kontroverse um den Nachkriegs-Lehrplan. Eberle plädiert in einem eigenen Artikel für »Humanismus und Humanität«, er befand kritisch: »Immer, wenn wir am Ende unseres Lateins sind, soll das Latein daran schuldig sein.« Doch eindrücklicher war sein poetisches Votum an gleicher Stelle, der Erstabdruck der »Elegie an einen alten Lehrer«, die später als »Rex« den Band »Interview mit Cicero« eröffnen wird:

> *»Namen wurden zu Menschen und Daten zu leuchtenden Bildern,*
> *selbst der schwierigste Vers, sonst mit dem Bakel skandiert,*
> *wurde Musik in den Ohren, den früher so übel gezausten,*
> *und die Sprache Vergils unseren Herzen vertraut.«*

Die »verpflichtende Würde des Menschen« hatte der gerühmte Rottenburger Lateinlehrer außerdem wie eine innere Richtschnur und Metrik an die Hand gegeben. Aus solchen Eindrücken ließ sich der Wert des Latein für das Leben erweisen, aber nicht gerade Mut schöpfen, selber lateinisch zu dichten. Der junge Buchhändler mit mittlerer Reife in Tübingen, Hochburg der Altphilologen, schien für derart anspruchsvolle Stilübungen nicht prädestiniert. Doch erweist sich nun: Für den Zeitungsmann der Nachkriegsära wird das Altertum Chefsache, zumal, wenn sich mit dessen Repräsentanten im Durchgang durch die Nazizeit bewiesene charakterliche Integrität verbindet. Eberle selbst bespricht im Oktober 1946 »Paret, Das neue Bild der Vorgeschichte«.[4] Die Publikation hat einen eher anrüchigen Titel: Das »Neue Bild der Antike« war bekannt als nazi-angepaßtes Wissenschaftskonzept. Im Gegensatz dazu hat, wie Eberle betont, Oscar Paret »Ketzerei eines nüchternen, nur nach Erkenntnis der Wahrheit und Wirklichkeit forschenden Geistes« bewiesen,

Römische Säulen auf der Kesselhalde oberhalb von Rottenburg.

»gegenüber dem zweckbestimmten Ungeist einer sich prostitu-
ierenden Anti-Wissenschaft, die sogar die Steine so reden machte,
wie es ihr Führer befahl.«[5] Die Römerspuren der Vaterstadt,
die Nähe des Limes hatten Eberle früh beschäftigt: Das lyrische
Gedicht »Römische Säulen auf der Kesselhalde« aus dem »Rottenburger Bilderbogen« 1943 zeugte davon, lateinisch 1959 in
den »Laudes«.

| *Römische Säulen* | COLUMNAE ROMANAE |
| | ad Nicrum effossae atque restitutae |

Ihres Tores heitre Trümmer
Schirmt nicht Lorbeerhain noch Pinie,
Neckarherbst umspielt die Linie
Ihres Schafts mit goldnem Schimmer.

Im geheiligten Bezirke
Ihrer südlich hellen Träume
Schatten schwäbische Apfelbäume
Und das keusche Grün der Birke.

Und dem Gott, dem dies Gemäuer
Einst geweiht nach frommem Brauche,
sinnt es nach im Opferrauche
herbstlicher Kartoffelfeuer.[6]

Nec cupresso neque lauro
Obumbrantur hae ruinae,
Nicri lux inducit auro
Aedis saxa peregrinae.

Et Ausonium earum
somnium servatur pomis
Suebicis et betularum
castis tenerisque comis.

Autumnali surgunt humo
Ignes tamquam rusticana
Sacra dis libantes fumo,
quorum vos tulistis fana.[7]

Anfang November stellt Eberle die Nachkriegsausgabe der lateinischen Gedichte des Tübinger Professors Hermann Weller [8] vor,
wobei er spätere Positionen schon skizziert[9]:
    »Die Kunst, lateinische Verse zu machen, hat bis ins 19. Jahr-
hundert in allen höheren Schichten Europas zum Pensum des
Lehrplans gehört und ist noch lange nachher in Bildungsstätten
mit besonders lebendiger humanistischer Tradition gepflegt worden. Heute hat diese ehrenwerte, wenn auch häufig nach Meister-
singerart gelehrte und gelernte Kunstfertigkeit nur noch wenige
Jünger. Die lateinische Sprache, einst das Esperanto der gebildeten Welt schlechthin, später immerhin noch das der gelehrten

Welt, hat die Rolle einer übernationalen Mittlerin im gleichen Tempo und Maß eingebüßt, in dem der westlichen Welt das Bewußtsein ihrer geistigen und kulturellen Einheit verloren ging, und Nationalismus, Imperialismus und als deren Gegengewicht ein neuer, freilich ganz anders gearteter Internationalismus aufkamen. (…)

Manchem Zeitungsleser wird noch in Erinnerung sein, wie Jahr für Jahr mit konstanter Regelmäßigkeit ein und derselbe Name als der des Preisträgers für die beste lateinische Dichtung durch die Zeitungen ging: Hermann Weller. Bei der großen Tradition des schwäbischen Humanismus, bei der Neigung unseres Stammes zum Tüfteln und Bosseln und bei seiner unbestrittenen poetischen Begabung ist es gewiß kein Zufall, daß Hermann Weller, dieser ›poeta semper laureatus‹ und Tübinger Professor für Indologie, Schwabe ist. (...) Den des Lateins noch mächtigen Lesern erwächst aus der Lektüre, die am besten nach der Art der Alten laut geschieht, ein eigentümlich gemischter Genuß: einmal aus der Schönheit von Sprache und Form und deren meisterlicher Beherrschung durch den Dichter; dann aus den Stoffen, die Antikes und Modernes, Christliches und Mythologisches, Idylle, Fabel und Geschichte, Erzählung, Episches, Lyrisches und Epigrammatisches, sogar Übersetzungen deutscher Gedichte, davon auch drei schwäbischer Dialektgedichte von Matthias Koch, umfaßt; und nicht zuletzt aus der Erinnerung, die der wohlvertraute Klang der alten Sprache und der strenge Rhythmus der Metren an die eigene Schulzeit und Jugend wachruft.«

Die wichtigste Nachricht darin klingt beiläufig: Sie bezieht sich auf Matthias Koch, den Tieringer Mundartpoet[10], Volksschullehrer in Tübingen. Ihn, nicht etwa den berühmten Weller, hat Eberle unter den Kunden während seiner Lehrjahre bei Heckenhauer genannt[11]: Koch hatte seine Anfänge in der Dialektdichtung begleitet. Es war ein Novum, daß Weller die »Kohlraisle«[12] Kochs, das Titelgedicht der Sammlung, lateinisch in reimende und rhythmische Strophen gefaßt hatte, nicht in ein klassisches Metrum: »Botryolilia«.

Matthias Koch

Kohlraisle

D Kohlraisle blühat wiedr
S ganz Deuffatal* ischt blod!
Ond Lüftle streichat drür,
dia send so lend ond lod!

Heut send mr na spaziara,
No sait mei' kleine Lies:
»O Vatr, guck, da leit jo
Dr Hemml uf dr Wies!«

1913, 1930

Hermann Weller

BOTRYOLILIA

Nunc ridet vallis tota
Botryoliliis,
Quae lene nutant, mota
Aurulis tepidis.

Descenderamus: parva
Lisella tinniit:
»O pater, huc in arva
En, caelum decidit!«

1946

Die auf Kochs Büchlein in beiden Auflagen abgebildeten blauen Traubenhyazinthen waren besonders Eberle bekannt; er war als Rottenburger in des Mentors Fußstapfen getreten. Man könnte sogar annehmen, daß »Blau« an Kochs »Himmel uff dr Wies« anknüpft: von Sebastian Sailer nahm er schließlich nur den Vornamen![14] Waren die berühmten Verse von Weller in reimenden Strophen wiedergegeben, konnte das legitimieren, solche Strophen überhaupt in moderner Dichtung anzuwenden, etwa auch Strophen des Sebastian Blau umzusetzen, ohne die Klippen der antiken Metrik, die Quantitäten, scheuen zu müssen. Mit dem

* Deuffatal: schwäbisch für Tiefental[13]

143

lateinischen »Nicer«-Gedicht nach Blau/Caeruleus liegt eine sicher frühe Probe vor, die in der *Stuttgarter Zeitung* erst nach einem unmittelbar vorausgehenden entscheidenden Anstoß gedruckt wurde: der Begrüßung eines Repräsentanten des schwäbisch-humanistischen Geistes, von Bundespräsident Theodor Heuss. Er besuchte Stuttgart vor Beginn der zweiten Amtsperiode, um zum 70. Geburtstag die Ehrenbürgerwürde entgegenzunehmen, und deshalb wurde er in der Zeitung vom 25. Januar 1954 hymnisch gefeiert. Josef Eberle hatte eigens 34 deutsche Distichen gedichtet:

> *»Dem Schwaben: Willkommensgruß für Theodor Heuss«*
> *»Rühmen, das ist's! So lehrt der im Rühmen erfahrene Dichter*
> *Rühmte Homer nicht Achill, seinen Augustus Vergil? . . . «*

Höher gestimmt konnte man kaum einsetzen - Rilke[15], Homer, Vergil! Die gemeinsame integre journalistische Vergangenheit, jetzt die Verbundenheit im Streben nach Wiederbelebung echter kultureller Werte.[16] Doch nicht genug: Eberle huldigte ein zweites Mal, um Heuss in drei lateinischen Reim-Strophen zu begrüßen, ohne Übersetzung, gedruckt in Majuskeln, die wie in Stein gemeißelt sich von allen anderen Texten abheben. Vorher hatte »Peter Squenz« zum Betexten politischer Karikaturen auf der ersten Seite, zu Zwischenrufen und politischen »Bemerkungen« in Versform herhalten müssen.[17] In lapidaren Großbuchstaben mußten die Strophen unter den Gratulationen »Zum Geburtstag von Theodor Heuss« die Verwunderung der Zeitungsleser erregen. Deutet die Squenz-Maske Bescheidenheit des »Anfängers« an gegenüber dem Voll-Humanisten Heuss? Warum wurde plötzlich Latein gebraucht? Lateinisch konnte man ausrufen, was deutsch nicht mehr möglich war: Nach »tausendjährigem« allseits geübtem »Heil« kam das wirklich Jahrtausende alte Ave! und Salve! wieder zu seinem Recht.

Peter Squenz

MACTE PATER PATRIAE,	Wohl dir, Vater unseres Staats,
AVE THEODORE,	Theodor, zum Segen
URBS EXSULTAT LAUDANS TE	Stuttgarts: guten schwäbischen Rats
SUEVO SUAVI ORE	Klang tönt uns entgegen.

MACTE PATER PATRIAE,   Wohl dir, Vater unseres Staats,
AVE THEODORE,   Theodor, zum Segen
URBS EXSULTAT LAUDANS TE   Stuttgarts: guten schwäbischen Rats
SUEVO SUAVI ORE   Klang tönt uns entgegen.

DIGNUS ES HONORUM BIS: Zwiefach bringst du Schwaben Ruhm:
CIVIUM EXEMPLUM   Bürgern zum Exempel
AC ORNATOR LITTERIS   Schmückt dein Rang und Dichtertum
INTELLECTUS TEMPLUM   Unseren Geistestempel.

VIR QUEM AMANT LITTERAE   Wen die Musen so wie dich
NON ERAT IN AEVIS   lieben und begaben,
PRAESUL REI PUBLICAE   war nie Bundespräsident,
NEC CUM SUIS SUEVUS.   nicht mal hier in Schwaben.[18]

Die denkwürdigen Reimstrophen werden bald »Salve – Theodoro Heuss Septuagenario« überschrieben, nicht mehr in Majuskeln und stellenweise verbessert, für einen Privatdruck, die »Horae«, vorgesehen. Nicht Squenz, sondern Josef Eberle ist der Autor. Übersetzt hat er den »lateinischen Gruß« nicht – der blieb mit der Gelegenheit der Entstehung verbunden.[19] In die »Horae« wird auch die lateinische Umsetzung der Anfangs-Strophen aus »Dr Necker« von Sebastian Blau, aus dem »Feierobed« von 1934, aufgenommen: In der Fasnachts-Nummer der *Stuttgarter Zeitung* vom 27. Februar 1954 standen sie ohne Verfasser lateinisch neben dem schwäbischen Original, ein Monat nach dem lateinischen Squenz-Gedicht. Schwäbisches lateinisch zu bringen hatte für Eberle/Blau noch Närrisch-Verwegenes.

Necker

Ta'z ond Musek ghaöt zur Kirbe,
ond de Haohzichstrauß zur Braut,
ond zur Fasnacht ghaöret mürbe
Küachle, wia dr Speck ens Kraut.

Ond zur Täufete gehaöt s Kendle,
ond zom Gaigel ghaöt dr Trompf,
ond dr Necker ghaöt ins Ländle
als sei' Heazstuck ond Triompf![20]

Der schöne Privatdruck der lateinischen Gedichte kommt nicht
zufällig in diesem Jahr zustande. Ein weiterer erstrangiger Schwabe
und von Eberle verehrter Humanist hatte 1954 Jubiläum: Am
8. September stand Eduard Mörikes 150. Geburtstag bevor.
Dieser »dilectissimus poeta« Eberles hatte am gleichen Tag wie er
Geburtstag. Zur größeren Ehre Mörikes aber wird am Jubiläum
selbst der Name mit einer Stiftung der *Stuttgarter Zeitung* zur
Förderung der klassischen Studien verbunden.

Der Titel »Horae« für seine eigenen lateinischen Rhythmi in
diesem Jahr ist Mörike verdankt. Die »Horae« sind im Einleitungs-
gedicht als die huldvollen (»benignae«) antiken Götterschwestern
genannt, die auch Fritz Meinhard im Titel-Emblem nach Mörikes
Formulierung im Epigramm »Inschrift auf eine Uhr mit den drei
Horen« wörtlich mit »Blätterkronen« dargestellt hat:

»Am langsamsten von allen Göttern wandeln wir / mit Blätterkronen schön geschmückte, schweigsame.«

Liebe zu Mörike, den Gottfried Keller »Sohn des Horaz und
einer feinen Schwäbin« genannt hat, belegt Eberles späteres Epigramm[22]:

NICER

E sermone suevo in latinum conversum

Ut saltare pertinet dies ad festales
Ut ad sponsam pertinent flores nuptiales
Ut ad Saturnalia crustulae pusillae
Sic ad acrem brassicam pertinent suillae.

In baptismo infans est Maximi momenti
Sicut as suprema fors Paginis ludenti
Ita Nicer fluvius Est in nostro pago
Flos et decoraminum Omnium imago.[21]

»Horae« – Illustration zum ersten lateinischen Gedichtband.

Moerike

A Flacco Suebaque bona generatus, ut aiunt,
    vivens vix aliquot notus in orbe viris
hic alios superat dulcedine et arte poetas,
    dumque parens vivet, nomen et huius erit.

War er ein Sohn des Horaz? Eine feine Schwäbin die Mutter?
Lebte verborgen und schrieb, mied die geschäftige Welt.
Ja, seine Kunst und Musik übertrifft alle Verse der Neuzeit,
So wie sein Vater Horaz dauert nun Mörike fort.

Für den 1964 verstorbenen Theodor Heuss, den er ebenso verehrt hat, findet Eberle ähnliche Worte, im Vorspruch zum Gedächtnisband epigraphisch-lapidar wie 1954:

VIXIT SED VIVET POPULUS DUM VIXERIT IPSE
INQUE SUIS FACTIS CORDIBUS INQUE PIIS.

Heuss hat gelebt/doch er lebt/solang noch ein Deutscher am Leben,/
Sei es im eigenen Werk/sei es im Herzen des Volks.[23]

Die »Horae«, Mitte des Jahres 1954 abgeschlossen, umfassen nur 15 Titel in einem bibliophil gestalteten blauen Heft mit Titeletikett und 32 Seiten, inkunabelähnlich aus zwei gehefteten Quaternionen gebildet wie die »Imagines« des nächsten Jahres. Nicht alle Gedichte aus »Horae« und »Imagines« fanden in die »Laudes« Aufnahme.[24] Das Lob der Heimatstadt »Sumelocenna«, das Jan Novak vertonte, ist weggelassen. Dafür ist das ältere Gedicht über die römischen Säulen auf der Rottenburger Kesselhalde in lateinischer Umsetzung aufgenommen: Das Reimschema unterscheidet sich im Lateinischen (a–b–a–b) und Deutschen (a–b–b–a); auch Stimmungselemente wechseln: statt Kartoffelfeuern Opferrauch alter Tempel, die – es klingt vorwurfsvoll – nun darniederliegen.

Neu in den »Laudes« ist das sechsstrophige Gedicht »Pygmalion« nach Ovids Erzählung von der Belebung des Marmors unter den Händen des Bildhauers. Eberle genoß es ganz entsprechend, Latein Leben einzuhauchen.[27] Den heiligen Franziskus zu loben, mit allen Lauten der Geschöpfe, nimmt in den »Horae« noch elf Strophen ein, zehn sind es noch in den »Laudes«, der Erst-

EIDYLLION

Illustrissimo Doctori Gualtiero Sontheimer

Frondes opacant sambuci floresque
statuam Fauni venustam, aënam,
bracchia iamiam tollentis pedesque
velut tibicinis ad cantilenam.

Volat in digitum eius fringilla,
acuit rostrum et dat cantionem.
Satyrus audiens discit ab illa
modos – et incipit saltationem.[25]

publikation, die Lob und Preisung im Titel trägt: Sie fassen 1959 die Privatdrucke und später Hinzugekommenes zusammen. In deren lateinischer Praefatio wird Eberle das Rilke-Zitat[28] deutsch wiederholen: »Rühmen, das ist's!«

Auch »Ave Archipoeta«, schon in den »Horae«, kehrt in den »Laudes« überarbeitet wieder, inzwischen gab die Textausgabe von 1958[29] Auftakt zur weiteren Beschäftigung mit diesem Lehrmeister der Rhythmi. Eberle findet im christlich geprägten Mittelalter den geistigen Raum friedlich-kultureller Entfaltung, der dem Nachkriegseuropa Nationengrenzen überwinden hilft. Das lateinische Augia-Gedicht thematisiert später die mittelalterliche Reichenau[30], wo ein Reginbert für die Überlieferung der lateinischen Literatur sorgt.

Die »Imagines« sind lateinisch »Bilderbogen«. Rottenburger Boden enthält viel Pagan-Römisches: Das Eröffnungsgedicht Limes, ein Lehrgedicht: carmen didacticum, mehr als 100 Verse umfassend, verfolgt im daktylischen Rhythmus den Limes der alten Römerseelen durch Deutschland, es nennt die heidnischen Pane, von denen Friedrich Meinhard einen auf dem Vorsatzblatt flötenspielend beigegeben hat. –

Gartenidyll

Grünes Gezweig und blühender Flieder
Schatten dem Faun, der, jugendlich schön,
hebt die gelenken erzenen Glieder
so als höre er Flötengetön.

Setzt sich ein Fink ihm keck auf die Zehe,
wetzt den Schnabel und probt seinen Ton.
Aber der Faun, wie die Weise wohl gehe,
lauscht – und siehe, da tanzt er auch schon.[26]

Tanzender römischer Faun in Eberles Garten
auf dem Stuttgarter Frauenkopf.

149

Carmen didacticum[31]
Utque reliquiis humus est minime macra
Muros conservans, aenea quin simulacra
Nobis sic hilares vigent in cordibus manes
Paganitatis et omnes in saltibus Panes.

Und wie der Boden nicht arm ist an römischen Resten
Mauern bewahrt und und sogar Bronzebildnisse,
so leben in unseren Herzen die Schatten des Heidentums heiter
und in Schluchten und Hängen die Pane alle kräftig - weiter.

Am 10. November 1955 erhielt Josef Eberle die Ehrendoktor-
würde der Tübinger Philosophischen Fakultät. Das Widmungs-
exemplar der »Imagines« an den Altphilologen Hildebrecht Hommel, der gerade aus Berlin nach Tübingen berufen war, datiert
vom 25. November und zeigt die Kontakte zu den Altphilologen
auf dem neuesten Stand. Auch Wolfgang Schadewaldt, vorwie-
gend Graezist, seit 1950 Ordinarius in Tübingen, stand mit Eberle
in guter Verbindung, er hatte im Februar 1954[32] im Feuilleton
seinen jüngsten Aufsatz zur Poetik des Aristoteles – »Furcht und
Mitleid?« – vorgestellt. 1956 wurde Ernst Zinn, Editor Rilkes
und später Kassners, auf Otto Weinreichs Lehrstuhl berufen.

Ausdrückliches Echo fand diese Sammlung bei Hildebrecht
Hommel, selber passionierter Versemacher. Auf den Titel anspie-
lend trug er »Laudes Apelli«, eine Lob-
rede auf Eberle, in Avignon lateinisch
vor, die in der Zeitschrift *Vita Latina*
Mai/Juli 1961 veröffentlicht wurde.
Wahrscheinlich gebraucht Hommel
die lateinische Namensform Apellus
für »Eberle« als erster.[33] Josef Eberle hat
außer den Masken des Anfangs selbst
seinen Namen zu den lateinischen
Dichtungen gesetzt. Hommel ver-
gleicht ihn mit dem in drei Sprachen
dichtenden altrömischen Ennius: »Tria

LAUDES APELLI

Nonnulla de Josephi EBERLE indole ac meritis prouulit
Hildebrecht HOMMEL professor Tubingensis

quoque quasi corda in se ferens ut Ennius ille triplicem tangere chordam didicit« – »Drei Seelen trägt er in sich und hat wie Ennius gelernt, dreifach die Saite zu rühren«, die schwäbische, die deutsche und die lateinische, »qua elegantissime usus totius mundi cives politos urbanitatem docuit feliciter« – »so hat er aufs eleganteste gebildeten Bürgern der ganzen Welt Lebensart beigebracht«.

Schadewaldt seinerseits verarbeitet später den Vergleich zu einem lateinischen Freundschafts-Epigramm. Nun trägt er selbst zu einer neulateinischen Anthologie bei, die Eberle, Herausgeber aus Passion, in den einschlägigen neulateinischen Zeitschriften *Latinitas* (Avignon) und *Palaestra latina* (Barcelona) ankündigt: »Ad poetas latinos«; ebenso antwortet Harry C. Schnur[34], ein in Tübingen und Stuttgart oft gesehener Gast. Für diese VIVA CAMENA, »lateinische Gedichte aus unserer Zeit, collecta et edita ab Iosepho Eberle«, wählte der Editor planvoll 50 bekannte und namenlose Autoren aus 17 Nationen aus. Seine eigenen Beiträge stehen nicht unter den »Metra«, wie die des inzwischen verstorbenen Hermann Weller, sondern eröffnen mutig (er mußte sich immer gegen »Verächter« dieser Dichtform zur Wehr setzen) die zweite Hälfte des Bandes mit »Rhythmi«: das Lutetia-Gedicht, ein neues, 1985 von Jan Novak vertontes Gedicht »Naso mentitus est«, aus den »Laudes«: »Cum aliquot discis sonantibus« und, vor gereimten »Epigrammen«, die Nänie »Ultimus« auf den Tod des jüdischen Schwiegervaters Lemberger aus Rexingen, die am 13. Mai 1961 lateinisch sowie wörtlich übersetzt in der *Stuttgarter Zeitung* gestanden hatte.

Die mäzenatische Inzenierung eines eigenen Lebenshöhepunktes mit Latein: Am 8. September 1961 wurde Eberle sechzig. Am Tag danach feiert er sich auf seine Art in der »Brücke zur Welt« – mit Latein und den weltweit gestreuten lateinischen Dichter-Freunden, die er mit »Viva Camena« den Zeitungslesern präsentiert. Er gestaltet sich und den Geburtstagsschmaus nach eigenem Gusto, einen lang vorbereiteten und gut gesetzten Triumphus. Später wird er einmal behaupten, er habe seine weitaus schönsten Ferien »im Latein« verbracht: »Als mich letzten Herbst ein Bekannter fragte, wo ich die Ferien verbracht hätte, antwortete ich: im Latein ... meine Ferien im Latein gehören zu den schönsten, die ich je genossen habe.« Er war, mit Ovid befaßt, im Schwarzwald gewesen.[35]

Latein in Kopf und Herz des Journalisten Eberle wirkt wie die eingepflanzte zweite Muttersprache. Das Schwäbische, immer musikalisch im Hintergrund, ist dem Latein näher als das Hochdeutsche, hat feste Längen und Kürzen. Vom Latein sagt Eberle – wohlgemerkt als hochdeutsch theoretisierender Verfechter des Latein[36]: »Unseren Ohren, gewöhnt an den Überschuß des Deutschen an Konsonanten und an eine Überfülle von e und i, klingt Latein sonor…, männlich und selbst noch zur Zeit seiner höchsten Ausbildung ein bißchen rustikal…, dennoch ist es, dank seiner vielen vollen Vokale a, o, u, herrlichen Wohlklangs, ja melodiösester Weichheit fähig.« Das Schwäbisch des Sebastian Blau hat eine Affinität zu dieser Schilderung des Latein, ist dazu noch »nüchtern, knapp, streng, logisch«. Verwandt erscheint auch »der nüchterne Tatsachensinn dieses tüchtigen und klugen, aber doch recht banausischen Bauernvolkes«. Das klingt auch Rottenburger Schwaben gediegen und sympathisch.

Schulmäßig übersetzende »Suppenlateiner« unterscheidet Eberle ausdrücklich vom »einfühlsamen, beider Sprachen vollmächtigen Übersetzer«[37], ein Ideal, das er anstrebt, wenn er geliebte Stücke – seine eigenen natürlich, Ovids Selbst-Epitaph Tristia III 3 oder schon früh Ausonius' Bissula-Gedichte[38] deutsch wiedergab. Aus persönlicher Korrespondenz mit einem Polen, der in Riga unter Osteuropäern Latein lehrt und sich an der Anthologie beteiligt hat, übersetzt Eberle für die Zeitungsleser: »Darum vernehmen wir mit besonderer Freude die von der Ostsee zu uns dringende Stimme Roman Ciesiulevicz's:

Immer wirst du Europas würdigstes Kronjuwel bleiben,
weil du, lateinische Sprache, die Völker verbindest und einigst.«

Lateinisch klang es fast moderner: »Sic eximio cum gaudio Romani Ciesiulevicz Dunensis vocem ex regione Baltica nobis advenientem exaudimus:

Semper es Europae dignissima laude corona,
nam populos omnes coniungis, lingua Latina!«

Die metrische Übersetzung steigert den Inhalt: Mit Verdoppelung – dem Hendiadyoin, das im lateinischen Text nicht vorhanden ist – gibt er »coniungis« wieder: »verbindest und einigst!« – 1962 liest man im Vorwort zu seinem »Weltlichen Psalter«[39]: »Unsere Zeit ist auf dem Weg zu Europa.« Noch höher schätzt Eberle das Wort Abendland – es meint »die alle Nationen Europas umfassende Kultureinheit und das ihnen allen gemeinsame Bewußtsein davon«.

»Löst man die Chiffren Antike und Christentum in ihre Elemente auf, so ergeben sich Grundbegriffe wie Freiheit, Persönlichkeit, Humanität, Tragik, Willensfreiheit, Gewissen, Selbstverantwortung, Transzendenz, Ratio, Wert und Würde der Einzelseele, Sünde, Gnade.« Die mittelalterliche, lateinische Einheit des Lebensgefühls kenne »weder nationale noch sprachliche Grenzen.« Hier liegt das Grundmovens von Eberles Beschäftigung mit dem lateinischen Mittelalter: »So einheitlich empfanden, dachten und dichteten damals Iren, Engländer, Franzosen, Deutsche, Italiener, Spanier, Niederländer, Polen. Diese Einheit des Lebensgefühls und seine Manifestation in der Literatur ruht auf zwei standfesten Pfeilern: auf der Katholizität des Glaubens und auf der lateinischen Sprache.«

Eberles Aussprache des mittelalterlichen Latein gibt er in »Laudes« selbst auf lateinisch:

»Die Wörter werden nicht nach Länge und Kürze der Silben ausgesprochen, sondern betont wie in der fließenden Rede. Der Buchstabe c lautet nicht nach k, wie er bei den Alten zu bestimmten Epochen klang, sondern wird vor den Vokalen i, e, ae, oe wie das deutsche z gesprochen. Der Buchstabe h, in mittelalterlichen Handschriften oft ch geschrieben, wird nicht ausgespart, sondern behaucht. So erzeugt ein Vokal am Ende des Wortes, wenn er mit einem h am Anfang des folgenden Wortes zusammentrifft, keinen Hiat.«[40]

Lateiner unserer Zeit, die durch den 1958 in Avignon verkündeten Pronuntiatus Restitutus, die Zurückgewinnung der historischen Aussprache des Latein zur Zeit »Kikeros« und »Kaisars«, beeinflußt sind, könnten Eberles Anweisungen außer acht lassen, Reime bleiben ja auch bei K-Aussprache weithin erhalten – bis sie von diesem Mittellateiner durch eine drastische Pointe eines besseren belehrt werden. (Dazu eignet sich besonders drastisch Strophe VIII aus dem 21 Stücke umfassenden »Testament« von 1964!)

Inzwischen hatte er das »Psalterium Profanum« gesammelt und übersetzt, das 1962 als ein weltlicher Abglanz mittelalterlicher Hymnik erschien und kooperierte in der Weihnachtsausgabe der *Stuttgarter Zeitung* mit dem Kunsthistoriker der Universität Tübingen, Professor Hubert Schrade: Dessen Aufsatz »Über die Schreiber des Mittelalters« mit Bezugnahme auf Reginbert von der Reichenau fügte Eberle sein sechsstrophiges lateinisches Gedicht bei, eine »Laus Reginberti« mit deutscher Parallelfassung und rühmendem Nachspruch[41]: Wichtig war ihm die humanistische Motivation des gelehrten Mönchs, die Schätze antiker Literatur zu tradieren, eine romantische Verklärung der Traditionskultur des Mittelalters im Dienst der Antike. Der Ruhm der wenigen Gedichte der Archipoeta wurde gerade durch Eberles Übersetzung, die 1966 erschien, neu belebt.

1962 entschlossen sich die Tübinger Altphilologen, einen alten Ritus phantasievoll wiederzubeleben und Josef Eberle einfach die Würde eines »Poeta laureatus« zu übertragen. Der damalige Rektor der Universität, Theodor Eschenburg, war am Tag dieses Ereignisses, am 22. Juni 1962, Gast im Seminar für Klassische Philologie. Festansprachen und Reden wurden gehalten von Michael von Albrecht, Godo Lieberg und studentischen Laudatores. Josef Eberle P. L. stiftete der Gemeinschaft der Lehrenden und Lernenden des Philologischen Seminars Tübingen daraufhin zwei Stocherkähne, die auf Vorschlag von Professor Hommel *Eustochius* und *Pelagia* getauft und feierlich eingeweiht wurden.

Als Eberle nach Jahr und Tag 1963 in der Tübinger Universitätszeitschrift *Attempto* (12) eine Dankesrede[42] für den »Kranz des Poeta Laureatus« veröffentlichte, zeigte er – wie schon in der *Stuttgarter Zeitung*[43] – unter Hinweis auf namhafte Vorgänger, daß ihm diese Ehrung sehr behagte, bei aller humorvollen Distanzierung von behördlich beglaubigter Poeterei. Gleichzeitig spornte aber die symbolische Verleihung des Poeta-Laureatus-Titels durch die Philologen den unermüdlichen Professor Dr. h.c.

Josef Eberle P.L. gewiß dazu an, nach der mittelalterlichen Reimstrophe die metrische Dichtkunst in Epigramm und Elegie nach strengeren Maßstäben zu trainieren und sich anzueignen.

Ein seiner Herkunft nach witzig-pointiertes, epigrammatisches Motiv, »Cerasa«, hatte sich in den »Imagines« befunden und war nicht in die »Laudes« übernommen worden: Die spätere Umformung bringt die Pointe klassisch-epigrammatisch zur Wirkung. Ein frühes Motiv war beispielhaft zur Kurzform herangereift.

CERASA

Cubans sub cerasi umbra aestiva
Ramis sub isdem, qui quondam texere
Gaudia Veneris nostra furtiva,
temporum memini heu! Quae fuere.

Solus nunc sum, abierunt amores
Pristinae sed voluptatis imago
Auget libidinis meae fervores
Fortes iam studio minime vago.

Ita dum fictis deliciis ludo
Summis amicam et laudibus fero,
cerasa rubent pudice sub sudo –
id sua sponte num faciant, quaero.[44]

Die Kirschen

Im Garten zwischen Gras und Kraut
Nur Bienensummen, sonst kein Laut.

Da lieg ich, faul, ein Buch im Schoß,
das sich, gekränkt, von selber schloß.

Und träum' von einstens und von dir
Und spreche mit mir selbst per »wir«.

Und denk an dies und das im Traum
Und sehe über mir im Baum

Die Kirschen plötzlich sanft erröten...
Ob sie das ohnehin wohl täten?[45]

Zum Motiv zu vergleichen wäre Friedrich von Logaus »Sinngedicht«, bei Gottfried Keller nach Lessing zitiert: »Wie willst du weiße Lilien zu roten Rosen machen? / Küß eine weiße Galathee, sie wird errötend lachen.« Eberle gibt eine für sein Kirschen-Motiv passende epigrammatische Fassung in vorschriftsmäßigen Distichen:

CERASA

Sub cerasi recubans umbroso tegmine celsae
Nostrae sum Veneris, cara puella, memor:
Atque supra cernens nova poma rubescere quaero,
num sine me cerasi tam valide rubeant?

Die Kirschen

Unter dem Kirschbaum im Gras bedeckt von dem schattigen Wipfel/
denk ich, Geliebte, an uns und an die Liebe im Gras.
Und wie ich oben die Kirschen erneut beim Erröten ertappe,
frag ich mich, ob ich es bin, der ihr Erröten bewirkt.

In der Osterausgabe 1963 der *Stuttgarter Zeitung* erschienen zehn Epigramme lateinisch-deutsch. Wegen des Echos wurde auf der samstäglichen Literaturseite II die Rubrik »Das Epigramm« eingerichtet. Ein ganzes Hundert, antik gesprochen eine »Centurie«, samt der Versübersetzungen, legte Josef Eberle P.L. bereits 1964 als Buch vor. Als echter Musenanruf geht dem Werk die Liebeserklärung an die – »spreta diu« - lange als hochnäsig verschmähte »metrische Muse« voraus.

Hildebrecht Hommel besprach im Literaturblatt der *Stuttgarter Zeitung* die »Hundert Körner schwarzen Salzes – Epigramme auf lateinische und deutsche Art« von Josef Eberle P.L.«.[46] In »Sal niger«[47] war die klassische Gattung gemeistert, waren die strengen Regeln der Prosodie erfüllt:»medievale Barbarismen bleiben diesmal ausgeschlossen«, beliebte es der konservative Heimito von Doderer in seiner Besprechung auszudrücken.

Erich Kästner war damit im heiteren Wettstreit übertroffen: 1950 waren in Zürich dessen »99 Epigramme: *Kurz und Bündig*«[48] erschienen, Jost Trier hatte den Schutzumschlag illustriert: Kästner im Anzug, die Schreibmaschine mit sich führend, der Dichter Martial in Toga mit herrenmäßig verschränkten Armen sich auf dem aufgeschlagenen Büchlein entgegentretend. »Epigramme aus zwei Jahrzehnten zu bündeln«, war Kästners unklassisch durchgeführte Absicht, immerhin wollte er seinerseits Martial neu beleben! »Epigone sein« – mit Geschmack, gebildet dichten – war Kästners Parole[49], der auch Eberle später als der alte Wang noch beipflichtet: »Wang ist lieber Epigone/als ein or(i)ginaler Gimpel«. Kästners »Stoßgebet für Heiden mit Mittelschulbildung« ist das kürzeste Epigramm seiner Sammlung, lateinisch: »*Amen?/Tamen!*« Regelrecht Echo bei Eberle findet das Epigramm »Fachmännische Konsequenz«:

> »*Cogito, ergo sum?*
> *Mag sein, doch die meisten sind dumm!*
> *Drum lautet des Fachmanns Befund:*
> *Non cogitant, ergo non sunt!*«

Bei Eberle ist die Hinführung länger – zum neuen Fazit: »Ich leide, also bin ich«:

> »*Ich denke, also bin ich*« –
> *Denken alle, die da leben?*
> *Lebt nur, wem Verstand gegeben?*
> *Stimmt denn das Kriterium:*
> ›*Cogito, ergo sum*‹?
> *Wahrer und umfassender,*
> *weil für alles passender,*
> *scheint mir – schaue dich doch um:*
> ›*Patior, ergo sum*‹.«

Hinter der Prägnanz des Epigramms steht immer die Begegnung mit der Antike, Schulung insbesondere an den Lateinern: Auch Josef Eberle sieht sich im Geiste den Klassikern Catull, Horaz, Martial gegenüber und Ovid, den er liebt: »Salve Ovidi!... Martialem repeto, salsas quod tot dedit horas/te sed, Paelignae gloria gentis, amo.« Moralität in der Immoralität reizt Eberle bei Ovid: In »Ovid als Moralist (1966)«[50] sammelt er Sentenzen, die besonders in der Elegie schon epigrammatisch vorgeformt erscheinen und sich dazu oft reimen. Ein besonderes Ohr hatte Josef Eberle für die ovidischen Verbannungsgedichte. Seine Wertschätzung für Ovids »Stimme des gewaltsam entwurzelten Dichters und Menschen« in diesen Gedichten kann hyperkritische Altphilologen nachdenklich stimmen.

Selbst als eher west- als fernöstlicher Wang! Wer »Aus Wangs
Notizbuch« (in »Die Wandzeitung«, 1982) aufschlägt, liest nicht
nur Bibellatein, er trifft die gleichen westlichen Namen an, die
er im Lauf der Jahrzehnte über den Epigrammen des Moralisten
Eberle kennengelernt hat, Timon von Athen, Sokrates, Lichtenberg, Voltaire, Aristoteles, Goethe, und Descartes: »Warum ich,
fragt ihr, die Alten lese?«. Keine Frage! Die »Querelle des anciens
et moderns« bleibt für Eberle zugunsten der Alten entschieden.
Daß Sokrates noch im Kerker die Fabeln des Äsop in Verse
gebracht habe, beschäftigt Eberle-Wang. Die Masken des Moralisten sind vielgestaltig, bilden bald ein Kollegium weit über die
Grenzen der Antike hinaus: Voltaire, unter dessen Büste von
Houdon der Pressemagnat in Stuttgart residierte, ist ihm in der
Achtung vor der »geistigen Freiheit der alten Welt« verbunden.
Lateinische Epigramme des »Voltarius latine loquens« stellte er
zu einem eigenen Geburtstagstermin in der *Stuttgarter Zeitung*[51]

vor. Timon von Athen scheint Eberle lebenslang beschäftigt zu haben, der Typus des enttäuschten guten Mitmenschen und Bürgers, der Undank erfährt. Daß Shakespeare den Titus Andronikus zu Beginn und den Timon von Athen am Schluß seiner dramatischen Produktion hervorbrachte, formuliert Eberle in einem Epigramm mit schwärzestem Pessimismus. Auch Diogenes, der die Masse der Zeitgenossen verachten gelernt hat und ihnen kontert, gibt einen schroffen Ton an.

Ad Diogenem: Zwiesprache mit einem Gleichgesinnten, der Menschen sucht:

Nil hominem tibi quaerenti fuit utile lumen -
Forsitan invenies, quod cupis, ista legens.

Nichts hat dir ein Licht, als du Menschen suchtest, geholfen:
Wenn du die Worte hier liest, triffst du den Mann, den du suchst!

Viele größere Gedichte haben biblische Motti. Das Motto schon der lateinischen »Imagines« (1955) wies in diese Richtung: »Faciendi plures libros nullus est finis« (Libr. Eccles.: Epilogus). Die lateinische Sprache der Vulgata war sicher gerade im Liber Sapientiae und im Prediger eine Schule des epigrammatischen Einfalls. 1981 dichtet er als Alter Wang und Octogenarius:

Das Fremdwort

»Professor« auf deutsch heißt »Bekenner« –
doch ist der Verdeutschung zu traun?
Bekennt auch nur einer der Männer:
»Die Zeit zwar ließ mich ergraun,
doch ehedem war ich schön braun«?

Zwanzig Jahre vorher gab es solche Ausfälle[52] – oder Einfälle – so offengelegt nicht.

Ein spätes Geburtstagsgedicht (1976)[53] spricht vom Ruhm des Greises: In seiner Rede zur Brückentaufe in Rottenburg am 15. Oktober 1976 zitiert Josef Eberle aus »einer lateinischen Elegie, die ich mir selbst zum Geburtstag gesungen«, die ersten beiden Distichen.

GLORIOLA
Senex ad diem natalem suum

Ecce, dies rediit mihi primus lucis in urbe,
   quae sub Caesaribus Sumelocenna fuit.
Est urbana parum, licet haec vel rustica dici
   virtutis rata pars est utriusque mihi.
Quid didici, quid sum turbatis nactus in annis
   Aut mala multa querens aut bona rara sequens?
Unicus oppiduli dicor primusque poeta –
   Suadeo, si rides, Caesaris esse memor:
Primus qui loculi pagani maluit esse
   Quam fieri Romae forte secundus homo.
Quid docuere, rogas, gentes, urbesque viaeque?
   Quod natale solum me docuisset item.
Quidquid id est, possum tribus istis dicere verbis:
   Nascimur et patimur, vertimur in cineres.

Bescheidenheit und Vergänglichkeit zu betonen und gleichzeitig Caesars Anspruch auf Größe zu zitieren erlaubt das Latein in knappen Worten deutlicher als die deutsche Übersetzung. »Rühmchen« klingt witzig bescheiden. Es ist im Deutschen eine Neubildung und soll nichts gemein haben mit dem Wort »Gloriole« für Heiligenschein, das aus christlichem Sondergebrauch über das Französische zu uns gelangt ist. Das lateinische *gloriola* ist älter und nicht von Eberle erfunden, wie das deutsche Gegenstück glauben machen könnte: Cicero, Maßstab klassischer Latinität, ist Schöpfer des ein einziges Mal von ihm gebrauchten Wortes.

Zärtliche Diminutivbildungen im Latein sind eine Spezialität des Schwaben Eberle: Sie gehören zur wohllautenden Musikalität des Lateinischen. Er hat sie einmal, allerdings dort unter einseitigem inhaltlichen Aspekt, in »Römisches Süßholzraspeln«[54] zusammengestellt.

Ein besseres Beispiel gibt das »Salve«-Gedicht, Geburtstags- und Freundesgruß an Max Rychner[55]:

Mein Rühmchen

Alter Poet an seinem Geburtstag

Wiederum kehrt mir der Tag, der erste im Lichte des Städtchens,
das seine römischen Herrn Sumelocenna genannt.
Fehlt ihm auch Städtisches nicht, so darf man es ländlich doch heißen
Wie man's auch schätze, ich selbst habe von beidem mein Teil.
Was ich gelernt und erreicht in all den stürmischen Jahren
Klagend ob häufigem Leid, strebend nach seltenem Glück?
Immerhin gelt ich daheim als der erste und einzige Dichter –
Lache nicht drüber, bedenk eher, was Caesar gesagt:
Lieber wäre er noch im ärmlichsten Flecken der erste,
als in der Hauptstadt der Welt, Rom, nur der Zweite zu sein.
Was mich das Reisen gelehrt und die fremden Länder und Städte?
Ach mein Städtchen daheim hätte mich's grad so gelehrt.
Was es auch sei, ich vermag es mit dürftigen Worten zu sagen:
Ach, wir kommen zur Welt, leiden, zerfallen zu Staub.

Media glacie, media nive
Montis in vertice – en seminudi
Nos in reclinibus sellulis strati
Iubare solis gaudentes et sudi.

Flavus papilio subito volat
Super haec rigida saxa hiberna
Agit praestigias agitans alas
Sicut ipsissima visio verna.

Veris tam belle quam praecox legate!
Nimis maturum est flores iam velle
Flores non crescunt hic nisi nivales
Sine colore et aureo melle…

Flocculus volitans super perennem
Glaciem talia non cogitabat:
Quod sit praecursor, quod spes sit futuri
Erat contentus, nil ultra curabat.

Dicit tam piam admirans virtutem
Tibi poeta fraternam salutem!

»Mitten in Eis und Schnee auf dem
Berggipfel – erinnere dich, halbnackt
lagen wir in den Liegestühlen vergnügt
und froh in der Wintersonne. Plötzlich
fliegt da ein gelber Schmetterling über
die eisbedeckte Felslandschaft, bewegt
elegant die kost-
baren Flügel hin und her wie eine leib-
haftige Frühlingsphantasie!
Frühlingsbote, so vorwitzig wie schön –
Blumen finden zu wollen ist verfrüht,
nur Eisblumen wachsen hier ohne
Farben und goldenen Nektar! Daran
dachte der flockenleichte Wicht über
den Gletscher taumelnd aber nicht, er
ist zufrieden damit, den Frühling, die
Hoffnung auf Frühling zu bedeuten.
Seine heldenhafte Selbstlosigkeit bewundernd grüße ich dich, den Dichter,
brüderlich!«

Hier ist modernes Lebensgefühl fast unvermittelt in Latein ausgedrückt. Der Reiz liegt in der Eleganz der Wortwahl, denn trotz des modernen Inhalts gibt es keine Modernismen. Obgleich kein *Liegestuhl* oder *wintersportlicher Hochgebirgstourismus* lateinisch bekannt war, wird das Möbel genau gekennzeichnet: ein angenehm bequemer Sessel – *sellula*, ein Wort der späten Latinität, das nicht Kleinheit ausdrückt, sondern Behagen; *reclinis*: »in dem man sich zurücklehnen kann«; auch Martial hat das Wort im Frühlingsgedicht: »*in gramine florido reclinis*: ins blumenreiche Gras zurückgelagert« (Mart. IX 90,1); *sudus*: »heiter, sonnig, trocken« – ein rares, von Eberle auch an einer zweiten Stelle gebrauchtes Wort; *flocculus* (»Flöckchen, Wicht«) kommt erst beim Kirchenvater Tertullian vor.

Das zeigt: Eberle sucht den Geist der gewachsenen lateinischen Sprache zu erfassen, künstliche Neubildungen ohne Not zuzulassen ist er nicht geneigt. Dennoch - der Wortschatz der Antike wird ergänzt, aber mit sprachgerechten »Neugeburten«, die sich aus dem alten Bestand oder den romanischen Sprachen regenerieren lassen. Ein Beispiel: das Wort *pipa* für die vom Vater ererbte Pfeife. Nur wie Horaz zu schreiben, nennt Eberle »nihil aliud nisi sollerter effingere fossilia«: »beflissen künstlich Ausgrabungsgegenstände herstellen«. Er will nicht zu den »Affen Ciceros« zählen – »simiis Ciceronis adnumerari« (nach Erasmus).[56] Mindestens zwei Seelen wohnen in der Brust des Professor Josef Eberle, Poeta Laureatus aus Rottenburg-Sumelocenna, der civis Romanus und Weltbürger ist. Das perfekte Instrument der lateinischen Sprache, erst wie ein Organum oder eine schöne Kithara gepriesen, hat er auch zum Erklingen gebracht.

BETTINA BARONESSE V. FREYTAG
GEN. LÖRINGHOFF

»*Eifrig als Sammler und reich,* *ein Freund der Künste und Künstler*«

Josef Eberle und seine Antiken

Wann Josef Eberle und seine Frau Else – wie die Auswahl der Objekte zeigt, war es die Liebhaberei beider – mit dem gezielten Sammeln von Antiken anfingen, wissen wir nicht. Ihr gemeinsamer Lebensweg spricht dafür, daß sie nach dem Zweiten Weltkrieg kaum persönliche Habe hatten. Nicht für alle der Antiken aus dem Hause Eberle, die testamentarisch dem Archäologischen Institut der Eberhard-Karls-Universität Tübingen vermacht wurden und damit im Oktober 1989 nach dem Tode Else Eberles an die Universität übergingen, sind Erwerbunterlagen verfügbar. Die sorgfältig aufbewahrten, mit Fotos und Notizen versehenen Kaufangebote, Gutachten und Rechnungen sowie die Erscheinungsdaten einzelner Feuilleton-Beiträge von Josef Eberle lassen den Aufbau der Sammlung wenigstens in Umrissen nachvollziehen und geben einen Hinweis darauf, mit welchem seiner Objekte er sich gerade beschäftigte.

Wie es einem Liebhaber geht: man gönnt sich das eine oder andere Stückchen, aus purer Lust und Laune, aus der Situation heraus. Man sieht ein weiteres, das gut dazu passen würde, auf dem Regal bilden sich einzelne Themengruppen, die Freunde werden darauf aufmerksam, ihre Geschenke und Reisemitbringsel erweitern die Kollektion. Ähnlich mag es dem Ehepaar Eberle ergangen sein. Die Unterlagen erweisen immerhin, daß es vor allem die späten fünfziger und die sechziger Jahre waren, während derer Eberles gezielt Antiken erwarben.

Gäbe es nicht das Gedicht »Clavicula« – abgedruckt mit »Sumelocenna«, »Nicer«, »Penates« schon in den »Horae« von 1954 –
so wäre unbekannt, daß das kleine, bronzene Schlüsselchen
(Abb. 1)[1] aus heimatlichem Boden, aus Rottenburg, stammt. War
es ein Geschenk, war es selbstgefunden? Es dürfte zu den ersten
Antiken in Eberles Besitz gehören.

1 *Römisches
Bronzeschlüsselchen
aus Sumelocenna / Rottenburg
(Länge 3,8 cm)*

CLAVICULA

Iacent abdita sepulta
in natali solo multa
signa vitae veterum
urbis post interitum.

Aes et aurum, enses, ossa –
sed clavicula refossa,
parvi quamvis pretii,
fit a me quam plurimi.

Nunc ad nullum usum prudens,
nihil claudens, nil recludens,
reserabat illa tum
[mundi dulcis adytum.][2]
ad ornatum aditum.

*Römerschlüsselchen
aus Sumelocenna*

*Tief begraben unter Soden
liegt im heimatlichen Boden
Römerleben allerhand,
seit die Römerstadt verschwand.*

*Münzen, Schwerter, Gold, Gebeine –
dieses Schlüsselchen alleine
ausgegraben, ganz gering,
ist für mich das schönste Ding:*

*Öffnet jetzt und schließt zwar nichts mehr,
nützt nichts weiter, gibt auch nichts her.
Damals aber gab sein Druck*

Zugang zu verwahrtem Schmuck!

Ubi pretiosa cista,	*Schmuck und Schmuckschatulle schwanden,*
quam servavit clavis ista?	*die dem Schlüssel unterstanden:*
Claustro nil porficitur,	*Durch ein Schloß war nicht verbaut,*
ubi tempus ipsum fur.	*daß der Dieb »Zeit« alles klaut.*

Ubi gemmae fibulaeque	*Ach, die Steine und die Spangen*
tinnientes armillaeque?	*und die Reifen, wie sie klangen!*
[Est raptorum omnium]	
Cunctis ex raptoribus	*Von den Räubern weit und breit*
tempus rapacissimum.	*heißt der räuberischste »Zeit«.*

Ubi denique puella,	*Wo nur blieb das zarte Mädchen,*
cui pendebat ex catella	*dem vom Schlüsselbein das Kettchen*
levis res in niveis	*in den weißen Busen hing*
[nitidisque mammulis]	
tenerisque mammulis?	*mit dem kleinen Schlüsselding?*

Omnia sunt vento flata	*Alles ist verweht vom Winde,*
et oblivioni data –	*Kästchen samt dem schönen Kinde,*
praeter hanc exiguam	*dem Vergessen trotzt allein*
viridem claviculam.	*noch der Schlüssel grün und klein:*

Quid nunc ea licet uti	*Was wird heut mit dir entriegelt?*
an ad recludendum muti	*Stummer Zeiten Mund, versiegelt,*
os illius temporis?	*schließ ihn auf, gib alles preis,*
Fac ut sciam quidquid scis!	*daß ich, was du kanntest, weiß!*[3]

GEMMEN

Als Erbteil seiner Vorfahren, die über drei Generationen hinweg das »ehrsame Handwerk« des Gürtlers ausübten, sieht Josef Eberle seine »Freude an antikem Schmuck, an Gemmen und Kleinbronzen, am Bosseln und Ziselieren von Epigrammen, der kleinsten und geschliffensten literarischen Form«.[4]

ANULUM CONTEMPLANS

In lapidis spatium vix indicis amplius ungue
  incidit magni scalptor Iovis speciem.
Salveto! dico tibi tiro mirabilis artis,
  reddere quae temptat magna brevi spatio.

Großes im Kleinen – ein immer wiederkehrendes Thema im Eberleschen Werk! Gerade die Gemmen bieten hier eine besondere Herausforderung. Er bewunderte sie in ihrer technischen Perfektion ebenso wie in ihrer weitgespannten inhaltlichen Aussage. Zwei der vier Gemmen aus seinem Nachlaß sind noch im antiken Ring eingebettet. Die beiden anderen hat Eberle fassen lassen, um sie selbst tragen zu können. Hier hatten ihn die Dargestellten gereizt: Iupiter und Amor.

Den Chalcedon mit thronendem Zeus-Iupiter und Adler (Abb. 2)[5] erwarb er 1959 im Kunsthandel – vielleicht belohnte

er sich damals selbst für das Große Bundesverdienstkreuz, das ihm in diesem Jahr verliehen worden war. Bei seinem hintergründigen Humor aber wird es kein Zufall sein, daß er sich mit diesem Ring an der Hand am 31. Dezember 1971 von seiner Funktion als »geschäftsführender Herausgeber« der *Stuttgarter Zeitung* verabschiedete.[6] Friedrich (Fridericus) Meinhard dürfte diesem Zeus-Iupiter bei Diskussionen oft genug ins Auge geblickt haben, um sich an ihn auch bei seiner Karikatur des Poeta laureatus, Herr über die *Stuttgarter Zeitung* (im Ruhestand), zu eben diesem Datum erinnert zu haben.

2 *Thronender Iupiter – in Chalcedon geschnittener römischer Ringstein in moderner Fassung.*

Und ähnlich spricht es für seine Liebe zu Schwaben, daß Eberle sich für den Fototermin beim Signieren seines Buches »Schwäbisch« 1973 den

166

Ring mit Eros-Amor angesteckt hat.[7] Wir wissen nicht, wann er diesen Karneol mit einem in der Antike sehr beliebten Gemmenmotiv von Amor als Wagenlenker erworben hat. Die (auch gefährliche) Macht des Amor hatte ihn immer gefesselt. So hielt er sie in Anlehnung an antike Epigramme auch in Versen fest[8]:

Ecce Amorem in curru volantem	Schau, wie hier Amor schnell über die Rennbahn rast,
bigas flagello lorisque citantem!	peitschend das Zweigespann tief in die Zügel faßt.
Cave, qui gemmam in digito geris,	Achte drauf, der du den Ring heute am Finger hast,
equis ne velox te conterat feris...	daß nicht der Pferde Wut dich mit sich schleift als Last![9]

Waren es hier die antiken Gemmen gewesen, die Eberle zum Dichten inspirierten, so können es auch gern gelesene antike Texte gewesen sein, die ihn dann zu Antikenkäufen verleiteten. Diese Annahme liegt zumindest bei einem antiken Ring aus Goldblech mit Schwefelfüllung nahe, dessen Ringstein ein eingraviertes Insekt zeigt.[10] Dachte Eberle an ein Epigramm Martials (IV, 32), als er diesen Ring erwarb, oder hatte ihn jemand mit dieser Assoziation erfreuen wollen?

167

Die Biene im Bernstein

Eingeschlossen schimmert die Biene in Phaetons Tropfen,
und es schließt, wie es scheint, eigener Nektar sie ein.
Würdig wurde damit ihr Leben voll Arbeit beendet:
solchen Tod, wie es scheint, hat sie sich selber gewünscht.

PORTRÄTS

Von der Ausstellung »Altrömische Porträtplastik« in Zürich
(1953) beeindruckt, scheint sich Eberle verstärkt mit dem antiken Porträt auseinandergesetzt zu haben.[11] Sie vermittelte ihm
»das Erlebnis der Unwandelbarkeit des Menschen schlechthin,
der von Zeit und Sprache unabhängigen Beredsamkeit des
menschlichen Antlitzes«. »Hier gilt die Kunst nicht mehr um
ihrer selbst willen, hier ist sie Mittler zum Zweck, den Menschen, echt römisch, in seiner so noch nie dagewesenen und so
nie wiederkehrenden Einmaligkeit zu zeigen.«[12]

Im Kunsthandel erwarb er 1954 ein großgriechisches weib-
liches Terrakottaköpfchen und einen
kleinen, als Echnaton angepriesenen
(gefälschten) Fayencekopf[13], vielleicht
der Beginn seiner eigenen, nun gezielt
aufgebauten Antikensammlung, in der
Porträts und Köpfe eine herausragende Stellung einnehmen.

Vor 1956 muß auf alle Fälle schon
eine Marmorbüste in seinem Besitz
gewesen sein (Abb. 3).[14] In »Interview
mit Cicero. Gestalten und Profile«
(1956) zeichnet Eberle (s)eine (fiktive)
neuzeitliche Geschichte dieser Büste:
Ein Bauer soll sie beim Pflügen an
der bayerisch-österreichischen Grenze
gefunden, für die Reparatur eines
Schrankes dem Schreiner überlassen
haben, der sie für dreißig Mark an

3 Eberles Caracalla –
moderne Büste, die physiognomische
Merkmale von Nero und
Caracalla vereint (Höhe 31 cm).

168

einen Antiquitätenhändler verscherbelte. Nur eines verschweigt uns der Autor: daß nämlich er selbst diese Büste erworben hat.

Eberle beschreibt die Panzerbüste eingehend, wagt sogar eine Benennung, die zum einen die Qualität des Stückes, zum andern aber auch den angeblichen Fundort in der einstigen Provinz Rhaetia berücksichtigt. Caracalla hat dort 213 n. Chr. gegen die Alemannen gekämpft und – so Eberles zeitgeschichtlicher Seitenhieb – »diesen Prototyp verrotteten Cäsarentums, den in bald kleinerem, bald größerem Format die Weltgeschichte seit 1700 Jahren in Zeiten der Auflösung immer wieder hervorzubringen nicht müde wird, haben wir in unserer Büste vor uns«.

Schwer ist zu sagen, wie Eberle selbst dieses Bildnis eingeschätzt hat. Da er seinem Text keine Abbildung beigab, konnte niemand sehen, daß die beschriebene Büste nicht antik ist, ja nicht einmal den Kaiser Caracalla wiedergibt, obwohl physiognomische Charakteristika unserer Vorstellung des Kaisers gut entsprechen. In den Gesichtszügen, Haar- und Barttracht vermischen sich Elemente des Porträts von Kaiser Nero (54-68 n. Chr.) mit denen des Kaisers Caracalla (211-217 n. Chr.). Die Büste dürfte im 17. Jahrhundert entstanden sein.

Wenn er 1957 ein Marmorporträt im Kunsthandel ankauft, das aus einer in der Umgebung von Olbia am Schwarzen Meer zusammengetragenen Sammlung stammt und möglicherweise den Kaiser Tiberius wiedergeben soll[15], so liegt nahe, daß für ihn hier das Bild des von ihm sehr verehrten, übersetzten und kommentierten Dichters Ovid mitschwang. Ovid war unter Augustus nach Tomis an der Ostküste des Schwarzen Meeres verbannt worden und verstarb dort während der Regierungszeit des Tiberius. 1954 waren mit den »Horae. Rhythmi Latini« Eberles erste lateinischen Versuche erschienen, 1959 gab er erstmals Ovid-Texte mit Übersetzung heraus. Es waren dies die Jahre, in denen Eberle seiner Freude am pointierten Formulieren nun in Latein in Nachfolge von Ovid, Horaz, Martial, aber auch dem mittelalterlichen Archipoeta, nachging.

Daß sein »auf den Spuren wandeln« nicht nur auf Literarisches beschränkt ist, zeigen beispielhaft vier durch Mörtel verbundene, weiße Mosaiksteine, ein Reiseandenken, wie es von vielen Stätten der Mittelmeerküsten stammen könnte. Allein der kleine aufgeklebte Zettel mit Aufschrift »Sabinum«[16] läßt die besondere Beziehung Eberles zu diesen Steinchen erahnen: Der von ihm so hoch geschätzte Dichter Horaz hatte diese Villa 32 v. Chr. von Maecenas geschenkt bekommen. Horaz besingt den idyllischen Landsitz in vielen seiner Gedichte, ebenso aber auch dessen edlen Spender. Maecenas, dem Etrusker, hat Eberle eine eigene literarische Porträtstudie gewidmet[17], hat das Kräftespiel von Politik und Kunst, von Geldgeber und Künstler aus der zeitlichen Bedingtheit gelöst. »Und so hatte Rom, so hat die Welt nicht nur den mäzenischen Dichtern, sondern auch dem Maecenas für die Georgica [Vergil] und die Aeneis [Vergil], für die Gedichte des Horaz und für die Elegien des Properz zu danken. Nichts gegen eine Politik, die Unvergängliches hervorzurufen vermag! Nichts gegen Aufträge an Künstler, wenn daraus Meisterwerke hervorgehen! Freilich bedarf es dazu außer genialen Künstlern auch eines kongenialen Politikers und Auftraggebers, wie C. Cilnius Maecenas aus Arretium einer gewesen ist.«[18]

Schon diese Mosaiksteinchen genügten dem Liebhaber, um Horaz und Maecenas sowie all die von diesem geförderten dichtenden Zeitgenossen wieder auferstehen zu lassen. Es war gerade eben erst zwei Jahrzehnte her, daß Eberle Schreibverbot erhalten hatte.

Zwei weitere seiner »Porträts« seien erwähnt: ein mittelitalischer Terrakottakopf sowie ein Ring mit Porträtgemme. Vom Terrakottakopf (Abb. 4)[19] ist bekannt, daß er ihn 1960 im Antikenhandel erworben hat. Was ihn (und seine Frau) an diesem höchst qualitätvollen Kopf wohl einer Votivbüste so besonders gereizt hat, wissen wir nicht. Spielt hier ein Bildnis hinein, das ihn Jahre zuvor bei der Züricher Porträtausstellung angesprochen hat: »Zweitausend Jahre sind plötzlich versunken, und vor einem steht ... der scheue, schwärmende

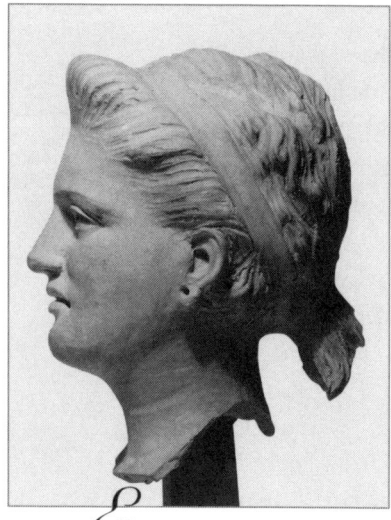

4 *Etruskischer Frauenkopf,*
wohl von einer Votivstatue,
Ende zweites bis erstes
Jahrhundert v. Chr. (Höhe 23 cm).

Backfisch mit Mozartzopf«[20] – Individualität und Zeitlosigkeit? Der Kopf strahlt soviel für den Klassizismus charakteristische Kühle und Zurücknahme aus, daß wir uns erst durch eine Thermoluminiszenzanalyse von seinem antiken Ursprung haben überzeugen lassen. Alles spricht dafür, daß dieser tönerne Kopf einer von mehreren aus einer Form gewonnenen ist, der eventuell nach Bedarf vor dem Brand noch leicht abgewandelt werden konnte. Wir haben demnach nicht ein wirkliches Porträt vor uns, so individuell das Gesicht auch wirken mag.

Ganz anders die Situation beim Ring.[21] Der Almandin ruht noch in der antiken, ursprünglichen Fassung aus dünnem Goldblech, das um einen stabilisierenden Kern gebogen ist. Sein vertieft geschnittenes Bild gibt das Porträt eines energisch wirkenden Mannes mittleren Alters wieder. Die Binde im Haar weist ihn als Diadochen, als einen der Nachfolgeherrscher im zersplitterten Reiche Alexanders des Großen, aus. Vergleiche mit Münzbildern und rundplastischen Porträts lassen eine sichere Identifizierung des Dargestellten noch nicht zu. Der Ring, über dessen Fundumstände nichts bekannt ist, dürfte einst einem verdienten Gefolgsmann vom Diadochen als Dank geschenkt und ihm später mit ins Grab gegeben worden sein. Es ist also davon auszugehen, daß wir hier ein möglichst realistisch gegebenes Porträt aus dem 3. Jahrhundert v. Chr. vor uns haben, das zudem von ungewöhnlich guter Qualität ist.

Seine Anteilnahme an Persönlichkeiten, ihrer inneren Größe und äußeren Gestalt, ihrem Denken und Wirken mußte Eberle unweigerlich auch zu den Münzbildern führen. Er war kein Münzsammler. Was er im Lauf der Jahre teils durch Kauf, teils durch Schenkung erwarb, stand immer in direktem Bezug zu seinen geistesgeschichtlichen Interessen und seinem persönlichen Erleben. Neben Themenbereichen wie »Götter und Kulte«, »Roma – Herrin der Welt«, »Imperium Romanum« waren es vor allem große Gestalten der Weltgeschichte, die ihn hier begleiteten: Alexander der Große, Julius Caesar, Augustus, Marc Anton, Nero, Vespasian, Hadrian, Marc Aurel, Gratian – Gestalten, denen wir in seinem Werk häufig begegnen.

Sein Heim hatte Eberle Göttern jeder Religion geöffnet.[22] In seinem Garten tanzte ein römischer Faun[23] (siehe Seite 148f.) zum Gesang eines schwäbischen Buchfinken[24], er vermochte sogar auch »bei den Winterschlaf haltenden Schwaben« »die Arme im Schweben selbst über drückendste Schneelast zu heben«.

> »So wie der Faun aus dem Altertum dauert
> und überstand, was der Tod schon vermauert,
> – leb immer, Faun! – ist der Winter zerronnen,
> kaum daß Frau Flora zu blühen begonnen.«[25]

Ein neuzeitlicher Faunskopf aus Marmor,[26] geschaffen in Anlehnung an die berühmte antike, nur aus verschiedenen Spiegelungen zu rekonstruierende Gruppe »Aufforderung zum Tanz«[27], brachte Natur und Leichtigkeit des Seins auch in das Haus hinein, ebenso wie die ungewöhnliche, auf eine unteritalische Weinkanne des 4. Jahrhunderts v. Chr. aufgemalte Theatermaske eines jugendlichen Pan.[28] Und daß diese Offenheit, geistige Freiheit, verbunden mit einem Bekenntnis zu allgemein gültigen Bindungen gesucht und bewußt gelebt wurde, belegt unter anderen auch sein Gedicht »Hausgötter«.

PENATES

Domum esse positam,
    quam aedificavi,
in Romano praedio,
    dicunt vultu gravi
viri, qui perdocti sunt
    aevis in peractis.
Credo, quia credere
    decet, quod in actis.

Meine Hausgötter

Daß mein Haus gegründet sei,
    dieses neuerbaute,
just auf Römervillengrund,
    schwören mir ergraute
Männer, die bewandert sind
    in der Stadtgeschichte.
Ich glaubs gern, denn ein Archiv
    gilt mehr als Gedichte.

Non supersunt alia,
      facta manifesta
nec reperta tegula,
      parvula nec testa.
Loci sed amoenitas
      brevitatem nescit:
sicut olim nituit,
      ita nunc nitescit.

Menti meae vividae
      species est cara,
Romulidae veteris
      alicuius ara
tum fumasse superis
      in eodem loco,
quo penates patrios
      egomet invoco.

Lares autem pristini
      meos praecedentes,
adsunt, quamvis abditi,
      apud me praesentes.
Ambulans in hortulo
      voces auditavi,
quae narrabant fabulas
      notas avis avi.

Sic Priapum proxime
      credo mi vidisse;
uxor autem, ridens me,
      dixit: non fuisse,
sed vicini servulum
      cupidum ancillae.
Nihil tamen rettulit
      uter hic an ille…

Nichts blieb außer ihrem Spruch
      handfest zu ergraben,
Weder Scherb noch Ziegelbruch
      gönnte Rom dem Schwaben.
Lieblich aber blieb der Platz
      wie in alten Zeiten
und sein Zauber glänzt als Schatz
      und kann nicht entgleiten.

Meinem lebhaften Gemüt
      gaukelt vor, im Geiste,
daß ein Römer von Geblüt
      Opferfeuer speiste
an derselben Stelle, wo
      ich am Abend friedlich
den Penaten danke, nur
      klingt es unterschiedlich.

Daß ein Geist, dem alles lieb
      – Sinds die alten Laren? -
immer hier zugegen blieb,
kann ich dann gewahren.
Wenn ich in mein Gärtlein geh,
      hör ich Stimmen raunen:
vom Urahn erzählten sie
      Sachen zum Erstaunen.

Leibhaft stand Priap vor mir
      neulich in Rabatten:
meine Frau hat laut gelacht
      und den alten Gatten
schnell ernüchtert: nicht ganz echt
      sei als Gott der Nachbarsknecht!
Ob mich das erbose?
      Göttlich war - die Pose!

Dii mei veteres
    novos numquam mordent.
Heu me! si cum alteris
    alteri discordent.
Fieri quod potuit,
    nam sunt Christiani
uni, haud firmissimi,
    alii pagani.

Pax est, quia genii
    domus iuniores
sunt culturae veteris
    fortes amatores,
etiamsi nomina
    larum patriorum
tussim sonant paululum
    modo barbarorum.

An sint dulces sonitus
    auribus Romani
nomina Hebelii,
    Moerici, Fontani,
Franciae Anatolis,
    Goethii, Voltaris,
aut quod derivatum est
    montibus a claris?

Adorantur pariter
    omnes boni di, qui
mecum domum incolunt,
    novi vel antiqui.
Sic petenti liceat
    ea diu frui,
ut et ipse valeat
    valeantque sui!

Meine alte Götterzunft
    beißt sich nicht mit neuen.
Gott bewahre, daß sie sich
    gegenseitig bläuen!
Ganz unmöglich wär das nicht,
    denn von christlichem Gewicht
sind die einen, geistlich zart –
    derber ist die Heidenart.

Friedlich bleibt es, weil im Haus
    mit den Hauspatronen
und den alten Göttern gern
    junge Laren wohnen.
Klingts auch wie ein Hustenstoß
    wenn ich sie euch sage:
es sind ihre Namen bloß
    vom Barbarenschlage.

Klingen ihre Namen gut?
    Hebel war Lateiner,
Moerike von Römerblut,
    war Fontane keiner?
Anatol France halt ich wert,
    wie Goethe und Voltaire,
auch Lichtenberg wird hier geehrt,
    ein Edler von »Montclaire«.

Göttlich scheint mir das Altertum
    und jedes neue Gute,
göttlich, was in meinem Haus
    hilft zu gutem Mute.
Sei es nun jünger oder alt -
    zeigt es mir göttliche Gestalt -
daß es sehr lang hier weile,
    bet ich, für uns zum Heile![29]

Mit einer kleinen Gruppe von Bronzestatuetten konnte Eberle sich einen eigenen »Hausaltar« zusammenstellen: unter anderem ein etruskischer Jüngling[30] und eine Römerin mit ihren Opferschalen, Hercules[31] als der vergöttlichte Sterbliche und ein Lar (Abb. 5)[32], römischer Schutzgott des Hauses, auch Penat benannt. Dazu paßte ferner die bronzene Opferschale mit Omphalos (Nabel).[33] Kleine Kultnischen mit Bildern der Laren, Nachfahren der einst von Aeneas aus Troia nach Italien geretteten troianischen Schutzgottheiten, gehörten in Pompei in jeden Haushalt – auch etwa in die Casa del Fauno –, waren vorzugsweise in der Nähe der Kochecke plaziert. Daß im Eberleschen Hause ein ganz seltener Gast sein Asyl gefunden hat, dürfte Eberle selbst nicht bewußt gewesen sein. Während sonst diese Hausgötter eine Art von Strahlenkranz auf dem Kopfe tragen, schmückt unseren Lar eine »Zipfelmütze«, die phrygische Kappe, die wohl an die Herkunft aus dem Osten, aus Troia, erinnert. Nur sehr wenige dieser sonst meist paarweise und häufig überlieferten Laren sind mit dieser besonderen Tracht bekannt.

5 *Römischer Lar, Schutzgottheit des Hauses (Höhe 10,8 cm).*

APHRODITE, EROS UND KINDER

Hielten auch Iuno und Merkur[34] ihre schützende Hand über diese neuzeitliche Villa auf Römergrund, war Zeus-Iupiter durch einen Ringstein vertreten, kam im Alter auch noch Buddha[35] hinzu, so stand das Heim doch vor allem unter dem Schutz von Venus-Aphrodite.

»Die Rache der Venus« ist ein Aufsatz Eberles überschrieben[36], den eine verkleinerte, freie Kopie der sog. Venus Medici illustriert.[37] Die Statuette, die er damals schon fast zehn Jahre in seinem Besitz hatte, bebildert – stellvertretend für ihre große

175

Schwester – eine Abhandlung in der »Brücke zur Welt« über den »wohl genialsten der römischen Dichter«[38] Lukrez (97–55 v. Chr.).

Lukrez eröffnet sein Lehrgedicht mit dem Anruf an »Venus, die Mutter der Römer und Wonne der Götter und Menschen. Durch sie, die All-Beleberin und Erhalterin, sei alles, was Atem habe, entstanden, von ihrer Holdseligkeit in Banden geschlagen, folge ihr jeder und jede voller Begier, wohin sie auch führe; in allen Herzen erwecke sie Liebe; nichts trete ins Licht ohne sie; nichts Beglückendes, nichts Liebenswertes wäre ohne sie. Sie möge dem Dichter Patronin sein beim Schreiben der Verse, die er über das Wesen der Welt und des Alls zu singen anhebe; sie möge seinen Worten ewigen Zauber verleihen und bewirken, dass das wilde Toben des Kriegs über alle Länder und Meere hin zur Ruhe komme, denn sie allein vermöge die Sterblichen mit Frieden zu beglücken.«

»Ein feierlicheres, auch frömmeres Gebet«, so Eberle, »ist wohl nie an die Liebesgöttin gerichtet worden.«[39]

Dieses Bild der Göttin dürfte Eberle allgemein näher gewesen sein als das der »Liebe als sinnlicher Leidenschaft, als Tollheit, Wahn und Leiden, als zerstörerischer Kraft, die den von ihr Verblendeten sich selbst entfremdet, ihn der Vernunft und Ruhe beraubt, mit Trugbildern narrt, und nie zu stillen ist«[40], wie sie Lukrez im 4. Buch seiner Abhandlung dann charakterisiert.

Und immer wieder reizte ihn die Göttin, sei es in Form einer kleinen Statuette in Gold, wie es hieß aus dem griechischen Pella[41], sei es auf einem Freskofragment (Abb. 6).[42] Die 1966 erworbene Statuette wie auch das Fresko, 1972 aus englischem Kunsthandel, waren von ihm mit angeforderten Gutachten als echt gekauft worden. Bei der Statuette handelt es sich um eine moderne Fälschung, die des besseren Handelswertes wegen mit einem falschen Fundort versehen war. Das Freskofragment aus

6 *Aphrodite und Eros, neuzeitliches Freskofragment im Stil pompeianischer Wandmalerei (Höhe 25 cm).*

dem Besitz des Duke of Sutherland – vom Händler ebenfalls als echt garantiert – gehört zu den Souvenirs, wie sie im frühen 19. Jahrhundert für Pompei-Touristen hergestellt wurden. Zumindest in letzterem Falle ist leicht nachzuvollziehen, weshalb Eberle an diesem Fragment Gefallen gefunden hat. Hatte er doch seinen Beitrag über »Amor Togatus. Etwas über römisches Süßholzraspeln« 1964 schon mit einem pompeianischen Wandbild aus dem »Haus des bestraften Amor« illustriert.[43]

Mit seiner kleinen Aphrodite aus Elfenbein, die sich das Busenband umbindet (Abb. 7)[44], ist Eberle 1968 ein besonderer Glücksgriff gelungen. Bei dem ungewöhnlichen Gerät mit ovalem Ringgriff, langem Stab und der Statuette als Bekrönung handelt es sich um einen kleinen Spinnrocken für das Vorgarn, eine sogenannte Fingerkunkel. Theokrit (erste Hälfte 3. Jahrhundert v. Chr.) besingt in seinem »Alakata« (»Der Rocken«) benannten Gedicht[45], wie er seiner Gastgeberin in Milet solch ein »mühvoll geschnitztes« Werk »kostbaren Elfenbeins« als Gastgeschenk mitbrachte. Gerne wüßte man, ob Eberle die Funktion dieses Gerätes überhaupt bekannt war, oder ob er sich nicht vielmehr ausschließlich von der kleinen Aphrodite angesprochen fühlte, die in ihrem Typus auf die berühmte »kapitolinische Venus« zurückgeht, aber durch das Anlegen des Busenbandes einen anderen Akt der Toilette zeigt. Unter den sonstigen Fingerkunkeln ragt die Eberlesche durch ihre ungewöhnlich feine Qualität heraus. Sie dürfte im 2. Jahrhundert n. Chr. wohl in Alexandria entstanden sein.

Doppelt spielte Eberle vielleicht mit dem Bild eines Kameos, geschnitten in einen Chalcedon.[46] Der modern geschnittene Stein zeigt in der Bildmitte eine frontal Stehende, gestützt auf eine Lanze, wohl die ihrem Ehemann Hephaist untreue Aphrodite. Neben ihr sitzt ihr Liebhaber, der gerüstete Kriegsgott Ares. Vielleicht aber sah

7 *A*phrodite - Venus *beim Anlegen des Busenbandes. Spinnrocken, sog. Fingerkunkel aus Elfenbei (Höhe 19,6 cm).*

Eberle in dem Paar auch Fulvia, die Frau von Marc Anton, und Octavian, den späteren Kaiser Augustus. Von Fulvia vor die Wahl gestellt, sie oder die Waffen zu wählen, entschied sich Octavian lieber für die Waffen und löste damit den Bürgerkrieg gegen Marc Anton aus. Der pikanten Situation widmete er ein Epigramm[47] – das einzige bekannte Gedicht des Augustus übrigens, Anlaß für Eberle zu einer Abhandlung[48], die schließt mit den Worten »Weltgeschichte in den sechs Zeilen eines zynischen Epigramms...«, wieder also Großes im Kleinen.

Sehr früh schon, 1959 – noch vor den Aphroditen –, zog der erste einer Gruppe von neuen Mitbewohnern ins Haus Eberle ein. Aus Schweizer Kunsthandel erwarb Eberle einen lebensgroßen Marmorkopf eines kleinen Knaben mit Haarschopf über der Stirne (Abb. 8).[49] Dieses bei weitem qualitätvollste aller Eberleschen Marmorwerke ist eine freie Nachbildung des schon in der Antike berühmten »Ganswürgers«. Mindestens sechs Wiederholungen dieser Gruppe sind bislang bekannt. Sie muß demnach in der römischen Kaiserzeit sehr beliebt gewesen sein. Gleich dreimal war sie in der Villa der Quintilier bei Rom aufgestellt gewesen[50], der Zurichtung als Brunnenfigur wegen wohl am Rande eines Wasserbeckens. Plinius d.Ä. (23–79 n. Chr.) erwähnt in seiner Naturgeschichte ein Bronzewerk des Boëthos: *infans vi anserem strangulans*[51] (Kind, das eine Gans mit voller Kraft stranguliert).

8 *Kopf des sogenannten Ganswürgers aus Marmor, erstes Jahrhundert n. Chr.*

Von vielen Wissenschaftlern wurde dieses Werk mit dieser Gruppe identifiziert. Heftig umstritten ist aber immer noch, wann dieser Boëthos gelebt hat und ob es einen oder mehrere Künstler dieses Namens gegeben hat. So schwankt die Datierung des verschollenen Originals zwischen 270 v. Chr. und dem zweiten Viertel des 2. Jahrhunderts v. Chr.

Der genaue Vergleich des Knaben aus dem Hause Eberle mit

den Wiederholungen des Ganswürgers läßt jedoch einen deutlichen Unterschied in der Haltung des Kopfes erkennen. Hat der Knabe, der die Gans unter dem Kopf packt und mit aller Kraft an seine linke Brust zieht, sonst das Kinn fest an den Körper gepreßt, so ist es bei der Eberleschen Wiederholung frei. Möglicherweise war also der Eberlesche Knabe in ganz anderer Aktion gegeben und hat sich der Künstler nur für den Kopftypus auf den Ganswürger bezogen. Vielleicht fühlte sich Eberle jedoch auch an die Frauen im Asklepiosheiligtum von Kos erinnert, die – so die Schilderung des Dichters Herondas aus dem 3. Jahrhundert v. Chr. – ein Kunstwerk dort im Hain bestaunen: »Bei den Moiren, die Fuchsgans, wie das kleine Kind sie drückt! Ständ' nicht vor unsern Füßen in Marmor das Werk, so möchte man sagen, es wolle die Stimm' erheben. Nein, die Menschen lernen mit der Zeit noch Leben in die Steine zaubern.«[52]

Waren bis ins ausgehende 4. Jahrhundert v. Chr. Kinder weitgehend als kleine Erwachsene wiedergegeben worden, so erwachte im Hellenismus die Freude am Kindlichen. Statt des jugendlichen Eros bevölkert nun eine Vielzahl kindlicher Eroten die verschiedensten Kunstgattungen. Werke wie der Ganswürger und verwandte Erotendarstellungen waren Wegbereiter für Putten und Engelchen. Und bei Eberles, dem kinderlosen Ehepaar, hockte seit 1962 ein pummeliges Baby mit Ball im Regal[53] – ursprünglich wohl Weihegabe in ein Heiligtum –, ein kleiner sitzender Junge spielt mit einer Kanne.[54] Vor allem aber treiben Eroten, Begleiter der Aphrodite, ihr Spiel. Auch ohne Attribute ist zu erkennen, daß der eine einst eine Fackel schwenkte, um Feuer im Herzen zu entzünden[55], und der andere, mit dem Hütchen eines Fischers ausgerüstet, die Angel nach Beute auswarf.[56] Eine an Raffaelsche Putten erinnernde Büste[57] dürfte einst eine Liegestatt oder eine Truhe geschmückt haben. Ob Eberle bei ihrem Erwerb an seinen Beitrag »Amor Togatus. Etwas über römisches Süßholzraspeln« gedacht hat?[58] Und war etwa sein Beitrag über den schönsten Vers Vergils[59] Auslöser für den Erwerb des in sich ruhenden vergnügten Kleinkindes mit Ball?

Josef Eberles große Liebe zu Tieren – ein Charakterzug, den er mit seiner Gattin teilte – läßt sich nicht nur aus seinem literarischen Werk[60], sondern auch aus seiner Sammlung von mindestens 21 Tierantiken ablesen. Stolz berichtete er einmal in einem Interview, daß sich sieben Stierchen in seinem Besitze befänden. Ganz im Geiste des Altertums sah er in den zoomorphen Kleinplastiken jedoch nicht nur das Tier selbst: So beheimatete Josef Eberle in seinem Hause vier Adler-Statuetten[61] auch als Symbole der römischen Republik, mit deren Idealen er sich aufs tiefste verbunden fühlte. Und zweifellos war ihm bekannt, daß sich hinter diesen auf Tierköpfen hockenden Adlern Jupiter Dolichenus verbirgt, der Schutzherr der römischen Legionäre auch bei uns im Land. Also noch einige Schutzgottheiten mehr in seinem Heim.

Es ist sicherlich auch kein Zufall, wenn sich in seinem Nachlaß eine Fotokopie eines Blattes aus G. Choul, Discorso della religione antica de Romani…, Lyon 1571, Seite 280, findet, auf der oben ein mit Opferbinde geschmückter Stierschädel, ein sogenanntes

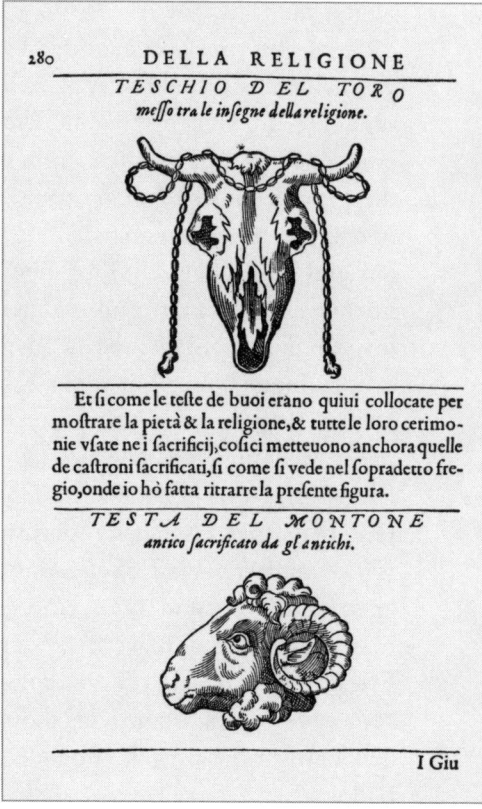

9 a *Aus G. Choul, Discorso della religione antica, Lyon 1571.*

Bukranion, und unten ein Widderkopf zu sehen sind.
(Abb. 9a) Der Stierschädel wurde dort abgebildet um die Fröm-
migkeit, Religion und die entsprechenden Zeremonien in der
Antike, der Widderkopf, um die Tieropfer in Erinnerung zu
rufen. Eberle hat mit eigener Hand auf die Rückseite notiert: Zu
meinen Kleinbronzen: »Hammelkopf« und »Stierschädel«. Beide
Bronzen hatte er im Dezember 1964 gemeinsam bei einem
Schweizer Antikenhändler erworben (Abb. 9 b, c).[62]

Leider ist uns unbekannt, mit welchen Namen die tierischen
Hausgenossen vom Ehepaar Eberle angesprochen wurden. Nicht
umsonst weist Eberle 1964 schon darauf hin, daß auf die Liebe
der Römer »zum kleinen, jungen, drolligen, verspielten Tier«
»durch ihr erotisches Vokabular helles Licht« fällt. Mit seinen
Worten: »Auf die Gefahr hin, den Leser zu langweilen, lade ich
ihn ein, mit mir die Arche Amors und seiner Frau Mutter zu

9 c Hammelkopf.

9 b Stierschädel.

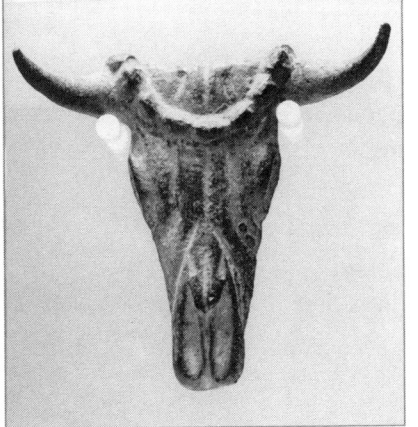

besichtigen. Ich stelle vor: *agnellus* (Lämmchen), *anaticula* (Entchen), *asellus* (Eselchen), *avicula* (Vögelchen), *catellus* (Hündchen), *columba* (Täubchen)...«. »Raubtiere sind, wie man sieht, nicht dabei.«[63]

Nicht in dieser Liste begegnen auch u.a. der Stier (1960 schon hatte Eberle das erste Bronzestierchen[64] aus römischem Kunsthandel erworben),

10 *Apellus,*
ein kleiner römischer Eber, ein »Eberle«
(Länge 10,5 cm).

SAPIENTIA SEPTEM STULTORUM
VI

ARTIS AMATOR

Artis et artificum studiosus dives amator,
  ultra qui patriam nobile nomen habet, –
multas contulerat pretiosas atque vetustas
  res decorans pulchris omnia membra domus.
Nec studium fugit nec sumptibus ille pepercit:
  Quidlibet arte placet, noster amator emit.
Totus erat sub tecta viri conventus Olympi,
  Sanctorumque aderat tota veranda cohors.
Scit dominus felix operis cuiuslibet aevum,
  artificis nomen materiamque rei.
Annos post multos tamen aspera venerat hora,
  quae quemcumque iubet: cuncta relinque tua!
Sic operum lectus thesaurus veniit omnis –
  at, quis credat? erant omnia falsa nova ...
Pristina decepti num gaudia cuncta fuerunt,
  error quod dederat, candida forte minus?

das Pferd – sein erstes für uns faßbares Exemplar, eine vorzügliche großgriechische Terrakotta hellenistischer Zeit[65], leistete er sich nach längerer Korrespondenz 1962 – sowie der Löwe (früheste nachweisbare Bronzen 1966 angekauft).[66] Daß es ihm jedoch besonderen Spaß gemacht haben dürfte, 1965 in seine Arche ein Eberle (*apellus*) (Abb.10)[67] als Namensvetter einzuladen, bedarf keines weiteren Kommentares.

ARTIS AMATOR BZW. DER KUNSTNARR

Eberles eigene Worte mögen – in der ihm eigenen Überzeichnung – andeuten, welche Rolle seine Antiken für ihn und seine Frau ausfüllten:

Die Weisheit der sieben Narren

6.

Der Kunstnarr

Eifrig als Sammler und reich, ein Freund der Künste und Künstler
    über die Grenzen hinaus reichten sein Name und Ruf –
hatte er alles, was alt und köstlich, zusammengetragen
    und mit den Dingen sein Haus über und über gefüllt.
Keinerlei Mühsal war ihm zu groß, kein Preis ihm zu teuer,
    sprach ihn ein Kunstwerk an, war es so gut wie gekauft.
Langsam wurde sein Haus zur reinsten Götterversammlung,
    sämtliche Heiligen barg schließlich das gastliche Dach.
Aber von jeglichem Stück war dem Sammler der Name des Künstlers,
    waren ihm Herkunft, Stoff, Stil und Epoche vertraut.
Plötzlich nach Jahren jedoch war sie da, die so bittere Stunde,
    die einem jeden befiehlt: Laß, was du liebtest, zurück!
Also kam nach dem Tod der bewunderte Schatz zum Versteigern –
    welcher Skandal, als es hieß: sämtliche Stücke gefälscht!...
War nun, frag' ich, das Glück, das einst der Getäuschte empfunden,
    es der Irrtum geschenkt, war es drum weniger echt?[68]

Die Reise nach Ägypten muß Eberle tief beeindruckt haben. Sie findet ihren Reflex in manchen kleinen, mehr oder weniger echten Reiseandenken und, in Worte gefaßt, im Ägyptischen Traumbuch. Wieder zeigt sich die Fähigkeit, Großes im Kleinen zu sehen und festzuhalten. Ein kleines Stück Rosengranit, Material, aus dem auch Obelisken herausgearbeitet sind, hatte Eberle von Assuan nach Hause mitgenommen, ein »Splitter Urgestein, den ich mir daheim zu einem kleinen Sockel für ein Bronzefigürchen des Osiris zurechtschleifen lassen wollte. Eine Kleinigkeit, wie ich meinte. Aber das Stückchen Rosengranit hat es in sich: zwei Marmorschleifereien mit modernster technischer Einrichtung versagten vor dieser Aufgabe, den Stein zu schneiden, zu schleifen, zu polieren und für den Stift der Statuette zu durchbohren. ›Nicht zu machen‹, sagte der eine Fachmann, als er mir den Stein, kaum angekratzt von seinen Stahlbohrern, zurückgab; so was von Härte habe er noch nicht erlebt. Und als ich ihn darauf hinwies, daß die Ägypter aus solchem Stein blankpolierte Riesenstatuen und Obelisken mit haarscharf eingeschnittenen Hieroglyphen gehauen hätten, erwiderte er: ›Ja, die mit ihren Maschinen!‹ Nun, diese ›Maschinen‹ waren schlichte Handwerkszeuge aus Stein, Kupfer und Bronze; es waren Hämmer, Schlegel, Meißel und Keile, und ihr Motor war die menschliche Muskelkraft.«

»Die Ingenieurleistung des modernen Staudamms in allen Ehren, aber was die alten Ägypter auf ihre Weise zustande gebracht haben, ... beschäftigt das Nachdenken fast noch mehr, schon weil wir nicht wissen, wie sie es zustande gebracht haben. Steht man vor so einem fertigen, spiegelblank polierten und mit Hieroglyphen-Reliefs bedeckten Wunderwerk, an dem keine Spur menschlicher Mühe mehr zu entdecken ist, so vergißt man über der Perfektion seiner Ausführung beinahe, was für eine ungeheure technische Leistung es repräsentiert. Mein kleiner Stein... wird mich immer wieder daran erinnern; er ist mir geradezu zum Amulett geworden und soll mich im Bedarfsfalle vor der Überheblichkeit unseres technischen Zeitalters schützen.«[69]

DLA = Deutsches Literaturarchiv Marbach am Neckar
StZ = *Stuttgarter Zeitung*
SZ = *Die Sonntags-Zeitung*

KARLHEINZ GEPPERT
Josef Eberle – Stationen eines Lebens

1 *StZ*, 31. Dezember 1999.
2 Schwäbisch, Ausgabe 1936, S.46.
3 Mit wenigen Ausnahmen wurden diese Dokumente auch für die Jubiläumsausstellung (8.September - 2. Dezember 2001) zum 100. Geburtstag Eberles im Sumelocenna-Museum, dem Rottenburger Römischen Stadtmuseum, ausgesucht. Dieses Museum ist dem Andenken seines bedeutenden Mäzens gewidmet: *in memoriam Josef Eberle*.
4 Aller Tage Morgen, S. 10.
5 Aller Tage Morgen, S. 27.
6 Aller Tage Morgen, S. 34f.
7 A. Pfeffer: Josef Eberle, ein Rottenburger Mundartdichter, in: *Sülchgauer Scholle* 7.1931, S. 110-118, hier S. 110.
8 Aller Tage Morgen, S. 39.
9 Aller Tage Morgen, S. 37.
10 Aller Tage Morgen, S. 67ff.
11 Aller Tage Morgen, S. 110f.
12 *Rottenburger Zeitung*, 1. Juli 1914.
13 Aller Tage Morgen, S. 113-120.
14 Aller Tage Morgen, S. 150f.
15 Pflegschaftsakten Josef Eberle 1901-1922.
16 Aller Tage Morgen, S. 145.
17 Aller Tage Morgen, S. 154.
18 Eberle, August Lämmle zum 80. Geburtstag, Stuttgart 1956, S. 4.
19 Literatur zur *Sonntags-Zeitung (SZ)*: Mit andern Augen. Jahrbuch der Sonntags-Zeitung 1920-1929. Stuttgart 1929; Agathe Kunze (Hrsg.), Erich Schairer zum Gedächtnis. Aus seinen Schriften, Würdigungen, Erinnerungen. Stuttgart 1967; Manfred Bosch (Hrsg.), Mit der Setzmaschine in Opposition. Auswahl aus Erich Schairers Sonntags-Zeitung 1920-1933. Moos & Baden-Baden 1989; Kurt Oesterle, Ein schwäbischer Karl Kraus. (Porträt des Zeitungsmannes Erich Schairer), in: *Schwäbisches Tagblatt*, 25. März 1995.
20 *SZ*, 4. Januar 1920.

21 Erich Schairer, Zum 50. Geburtstag von Josef Eberle, in:
Agathe Kunze (Hrsg.), Erich Schairer zum Gedächtnis. Aus
seinen Schriften, Würdigungen, Erinnerungen. Stuttgart 1967,
S. 110.

22 *SZ*, 7. Jg., Nr. 18, 2. Mai 1926, auch in: Tyll, Mild und bekömmlich, S. 5.

23 Auf dieses Pseudonym wird hingewiesen in: Josef Eberle. Seine
Beiträge in der »Sonntags-Zeitung« aus den Jahren 1926-1930.
Zusammengestellt von Edel Wetzel und Eckart Frahm. Osiandersche Buchhandlung Tübingen/Rottenburg. Siehe auch: Das
große Josef Eberle / Sebastian Blau-Lesebuch. Herausgegeben
von Eckart Frahm, Martin Hohnecker, Rolf Schorp, Wolfgang
Urban und Edel Wetzel, Stuttgart 2001.

24 *SZ*, 7. Jg., Nr. 35, 29. August 1926.

25 *SZ*, 7. Jg., Nr. 26, 27. Juni 1926, Nachdruck eines Artikels aus
der *Rottenburger Zeitung*, 7. Juni 1926.

26 Tyll, Mild und bekömmlich, S. 9. *Rottenburger Post*, 8. September 1951

27 Tyll, Mild und bekömmlich, S. 15.

28 *SZ*, 8. Jg., Nr. 11, 13. März 1927.

29 Südfunk, Nr. 47, 23. November 1930.

30 Josef Eberle im Gespräch mit Karl Ebert in der Sendung
»40 Jahre SDR«, 1964, Archiv des SWR.

31 Stadtarchiv Rottenburg am Neckar, Kopie in der Sammlung
Eberle.

32 *SZ*, 11. Jg., Nr. 5, 2. Februar 1930.

33 *SZ*, 10. Jg., Nr. 18, 5. Mai 1929.

34 *SZ* 11. Jg., Nr. 12, 23. März 1930.

35 *SZ*, 12. Jg. Fasnacht 1931.

36 Auch in: Sebastian Blau, Kugelfuhr, Stuttgart 1933, S. 55.

37 *Rottenburger Zeitung*, 5. Januar 1931.

38 A. Pfeffer: Josef Eberle, ein Rottenburger Mundartdichter, in:
Sülchgauer Scholle 7.1931, S. 110-118, hier S. 112.

39 Aus: *Sülchgauer Scholle* 7.1931, S. 117f., leicht verändert unter
dem heute bekannten Titel »D Bürgerwach« in: Sebastian
Blau, Kugelfuhr, Stuttgart 1934, S. 11-14, auch in: Sebastian
Blau's Schwobespiagel, Stuttgart 1981, S. 62-64.

40 Eberhard Klumpp, Das erste Jahrzehnt - Der Südfunk und sein
Progamm 1924 bis 1933/34, Südfunk-Heft 9, Stuttgart 1984,
S. 134.

41 Rundfunkinterview vom 10. Mai 1964, Archiv des SWR.

42 Stadtarchiv Rottenburg, Kopie in der Sammlung Eberle.

43 Eberle an Bofinger, 9. März 1933, DLA 87.2.558.

44 DLA 48.780.
45 DLA 87.2.558.
46 Stadtarchiv Rottenburg, Kopie in der Sammlung Eberle.
47 DLA 48.780.
48 DLA 87.2.559.
49 *Rottenburger Zeitung*, 3. Juni 1933.
50 A. Pfeffer: Josef Eberle, ein Rottenburger Mundartdichter, in: *Sülchgauer Scholle* 7.1931, S. 110–118, hier S. 113f.
51 Hebsacker an Eberle, 10. November 1950, DLA 87.2.565.
52 Eberle, Einleitung, S. 10, in: Jacob Picard, Die Alte Lehre, Stuttgart 1963.
53 Eberle, Einleitung, S. 11f., in: Jacob Picard, Die Alte Lehre, Stuttgart 1963.
54 Sebastian Blau, Feierobed, Stuttgart 1934, S. 48f., auch in Sebastian Blau's Schwobespiagel, Stuttgart 1981, S. 187.
55 Sebastian Blau, Feierobed, Stuttgart 1934, S. 28f., auch in Sebastian Blau's Schwobespiagel, Stuttgart 1981, S. 91.
56 DLA 87.2.437.
57 DLA 48.782.
58 26. März 1936, DLA 48.782.
59 DLA 95.19.1905.
60 Vgl. hierzu Hans Stoeger (Hrsg.), Sebastian Blau. »Liebe Heimat, lebe wohl!«, Regensburg 1988.
61 DLA 48.798.
62 Hans Stoeger, Sebastian Blau. »Liebe Heimat, lebe wohl!«, Regensburg 1988, S. 16.
63 Brief vom 11. November 1941, aus: Hans Stoeger, Sebastian Blau. »Liebe Heimat, lebe wohl!«, Regensburg 1988, S. 20f.
64 Stadtarchiv Rottenburg, Kopie in der Sammlung Eberle.
65 Nationalsozialismus im Landkreis Tübingen. Eine Heimatkunde, Tübingen 1988, S. 35.
66 Aus: Edgar Lersch, Rundfunk in Stuttgart 1934–1949, Südfunk-Heft 17, Stuttgart 1990, S. 100.
67 Siehe hierzu Ulrich M. Bausch, Die Kulturpolitik der US-amerikanischen Information Control Division in Württemberg-Baden von 1945 bis 1949, Stuttgart 1992 (Veröffentlichungen des Archivs der Stadt Stuttgart 55).
68 Stadtarchiv Rottenburg, Kopie in der Sammlung Eberle.
69 *StZ*, 24. November 1945, am selben Tag auch im *Schwäbischen Tagblatt*, Nachdruck in der Zeitung *Neues Deutschland*, Februar 1946.
70 *StZ*, 16. März 1956.
71 Pontresiner Epigramme, S. 15.

72 *Rottenburger Post*, 4. Dezember 1949.
73 Rundfunkinterview vom 29. Januar 1971, Archiv des SDR.
74 DLA 87.2.566.
75 *Rottenburger Post*, 5. Juni 1952.
76 Wiederabdruck in *StZ* 7. September 1991.
77 Lateinische Fassung auch in: Josef Eberle, Amores. Nova carmina, Zürich 1961, S. 28f.
78 Theodor Heuss, Tagebuchbriefe 1955/1963, Stuttgart und Tübingen 1970, S. 103.
79 *StZ*, 8. Februar 1969.
80 *StZ*, 27. Januar 1967.
81 Universitätsarchiv Tübingen.
82 *Die Zeit*, 15. September 1961.
83 Vgl. hierzu Renate Milczewsky, Schwäbische Dichter und Schriftsteller im Dienste der Presse (Hans Erich Blaich, Josef Eberle, August Lämmle, Hermann Missenharter), Masch. Dissertation München 1954.
84 *Rottenburger Post*, 24. Oktober 1961.
85 Carl-Christian Kaiser, *Die Zeit*, 26. September 1986.
86 Vgl. hierzu: Norbert Feinäugle / Wilhelm König, Mundartdichtung in Württemberg seit 1945, Reutlingen 1991.
87 Eberle, Die Wandzeitung. Ein- und Ausfälle des alten Wang. Tübingen 1981, S. 147.
88 Aus: Sebastian Blau, Rottenburger Hauspostille, Tübingen und Stuttgart 1946, S. 356.
89 *StZ*, 5. September 1981.

GERHARD W. BAUR

Sprache der Heimat – Die schwäbischen Gedichte des Sebastian Blau

1 Schwobespiagel, 1981, S. 13.
2 Schwobespiagel, 1981, S. 272: Zua mir selber.
3 Norbert Feinäugle/Wilhelm König, Mundartdichtung in Württemberg seit 1945, Reutlingen 1991, S. 25.
4 Feinäugle/König, Mundartdichtung, S. 26.
5 Schwäbischer Herbst, 1973, S. 5.
6 Schwäbischer Herbst, 1973, S. 5f.
7 Herausgegeben von Gerhard W. Baur und Hans-Rüdiger Fluck, Bern und München 1976.
8 Gerhard W. Baur/Hans-Rüdiger Fluck, Warum im Dialekt? Interviews mit zeitgenössischen Autoren, Bern und München 1976, S. 26.
9 Baur/Fluck, Warum im Dialekt?, S. 38.

10 Schwobaspiagel, 1981, S. 172.
11 Schwobaspiagel, 1981, S. 24.
12 Schwäbischer Herbst, 1973, S. 9.
13 Baur/Fluck, Warum im Dialekt?, S. 36f.
14 Baur/Fluck, Warum im Dialekt? S. 32.

BERNHARD FISCHER
»Die beste Leistung meines Lebens« – Eberles Cotta-Stiftung nach Marbach

1 J.A. Stargardt Katalog Nr. 284. Autographen. Versteigerung am
   Mittwoch, 24. Oktober 1928.
2 S. dazu: Christhard Schenk, Schatzkammer Salzbergwerk.
   Kulturgüter überdauern in Heilbronn und Kochendorf den
   Zweiten Weltkrieg, Stadtarchiv Heilbronn 1997 (Quellen und
   Forschungen zur Geschichte der Stadt Heilbronn 8).
3 Eine genaue Aufstellung vom 20. Juni 1952 (A: Eberle, Stand-
   ortkonv. 2, 87.2.626) verzeichnet als an Schweizer Bibliotheken verkauft: 5 Briefe von Johann Jakob Nachofen, 102 von
   Christoph Bernoulli, 2 von Jacob Burckhardt, 30 von Hebel,
   8 von C.F. Meyer, 58 von Johannes von Müller, 195 von
   Johann Georg Müller, 73 von Pestalozzi, 18 von Charles
   Sealsfield, 16 von Johann Heinrich und Johann Rudolf Sulzer,
   50 von Friedrich Theodor Vischer, 66 von Keller (und drei
   Manuskripte) und 374 von Paulus Usteri.
4 Bernhard Zeller, Marbacher Memorabilien, Bd. 1, Marbach/N.
   1995, S. 37.
5 Briefwechsel zwischen Schiller und Cotta. Hrsg. von Wilhelm
   Vollmer, Stuttgart 1876.
6 Briefe an Cotta. Hrsg. von Maria Fehling. [Bd. 2-3: Hrsg. von
   Herbert Schiller.] 3 Bde. [Bd. 1: Das Zeitalter Goethes und
   Napoleons. 1794-1815; Bd. 2: Das Zeitalter der Restauration;
   Bd. 3: Vom Vormärz bis Bismarck.] Stuttgart, Berlin 1925-1934.
7 Konrad Wittwer an Josef Eberle, 7. VIII. 1952, Anlage:
   Gutachten (datiert »4. August 1952«) »Ausfuhr von Kunst-
   werken«. (DLA, HSA: A: Eberle, Standortkonv. 2: Cotta'sche
   Handschriftensammlung – Korrespondenz (87.2.624/25).
8 DLA, HSA: A: Eberle, Standortkonv. 2: Cotta'sche Hand-
   schriftensammlung (87.2.626).
9 »Verzeichnis der wichtigsten und wichtigeren Autographen
   (Originalbriefe, Manuskripte etc.) des Cotta'schen Verlags-
   archivs zu Stuttgart. (Zusammengestellt im März 1943 von
   Dr. Herbert Schiller)« , DLA, HSA: A: Eberle, Standortkonv. 2:
   Cotta'sche Handschriftensammlung (87.2.626).

10 Josef Eberle, Schatzkammer eines großen Erbes. Zur Schenkung des Cotta-Archivs an das Schiller-Nationalmuseum in Marbach, in: Jahrbuch der Deutschen Schillergesellschaft 1962, S. 621.

11 Theodor Heuss an Josef Eberle, 4. September 1952 (DLA, HSA: A: Heuss).

12 Es sei dankbar angemerkt, daß noch heute die Familie Schairer Jahr für Jahr einen großen Betrag für diesen Zweck dem Cotta-Archiv im Deutschen Literaturarchiv stiftet.

13 Bestandsverzeichnis des Cotta-Archivs (Stiftung der »Stuttgarter Zeitung«), I Dichter und Schriftsteller, Bearbeitet von Liselotte Lohrer, Stuttgart 1963 (Veröffentlichungen der Deutschen Schillergesellschaft. 25), S. 13.

MONIKA BALZERT
Rühmen und gerühmt werden – Josef Eberle als lateinischer Dichter

1 Max Rychner, Nieder mit den Unbeschwingten, *Die Zeit*, 18. Januar 1963. Rychner (geb. 1897) leitete die Zürcher Tageszeitung *Die Tat* und war 1960 Träger der Willibald-Pirckheimer-Medaille (Eberle 1962).

2 Franz Dirlmeier (geb. 1904), Einer, der lateinisch dichtet…, *Welt und Wort* 14, 1959, S. 276.

3 OStD Dr. Walter Sontheimer, Latein ist keine »tote« Sprache, *Stuttgarter Nachrichten* v. 9. September 1961.

4 *StZ*, 11.10.1946.

5 Erinnert sei an Eberles deutsch-lateinisches Epigramm am Stuttgarter Lapidarium 1980: »tibi conscia saxa loquentur«.

6 Aus: Rottenburger Bilderbogen 1943 mit Foto »Römische Säulen auf der Kesselhalde; Rottenburger Hauspostille 1946 mit Zeichnung; wieder in: Die Buchsbaumflöte, 1971, S. 31.

7 Laudes 1959, S. 70.

8 Hermann Weller (1878 Schwäbisch-Gmünd - 1956 Tübingen), Carmina Latina 1. Aufl. 1937; Weller: Carmina Latina, Secunda editio aucta, Tübingen, H. Laupp jun. 1946.

9 *StZ*, DBzW, 2.11. 1946.

10 Der ältere Koch (1860 Tieringen – 1936 Tübingen) schrieb im Balinger Schwäbisch.

11 Aller Tage Morgen (1974) S. 123.

12 Im Anhang der Carmina Latina S. 263 – 265 Kochs Gedichte aus der Sammlung »Kohlraisle« (1. Aufl. 1913, erw. 2.Auflage zum 70. Geburtstag 1930) : »Kohlraisle«, »Dr Abschied« und »Drolla«.

13 Den Hinweis verdanken wir Prof. Helmut Hölder.

14 Durch die Neuausgabe von Dr. Hans Erich Blaich nahe
gebracht, vgl. Sebastian Blau, Nachwort zu: Dr. Owlglass
Rezeptbuch, München 1955, S. 372.

15 Anfang des 7. Sonetts an Orpheus.

16 Heuss hatte 1951 häufiger Beiträge in der *StZ*: am 8. Septem-
ber 1951(»Erinnerungen«), 29. September 1951 (»Schiller: Der
Dichter der menschlichen Freiheit: Zur Einweihung des
Berliner Schillertheaters«), 24. November 1951 Rede vor dem
Philologenverband »Über die Kunst des Lehrens und Lernens«.

17 Zuerst wohl *StZ*, 12. Oktober 1951, zur Wiederbewaffnung
»Elefant und Porzellan«; ein wenig Latein am 19. Dezember
1953, S.1: »ULTRA POSSE NEMO OBLIGATUR:
Weihnachtsgratifikation der Staatsbediensteten, Bundesfinanz-
minister Schäffers Stoßgebet an Nikolaus: ›Dein Herz ist voll,
mein Beutel leer; Du sagst: Ich will! Ich frag: Woher?‹ Peter
Squenz«; am 7. Mai 1955 Vers zur Karikatur.

18 Ohne Titel; als »SALVE. Theodoro Heuss Septuagenario«
leicht verbessert und in Minuskel: Horae, S. XXV. Übersetzung
Monika Balzert.

19 In »Laudes« ist das Gedicht nicht mehr aufgenommen.

20 Sebastian Blau, Die schwäbischen Gedichte, 1943, S. 17. *StZ*
vom 27. 2. 1954 wie hier bezeichnet.

21 Horae (1954), S. IX; Laudes (1959), S. 44

22 DLA, Nachlaß, Mappe: Geplante Sammlungen.

23 Abschied von Theodor Heuss, Tübingen 1964. Vorspruch.

24 Nicht in den Laudes aus den Horae: Horae, Sumelocenna,
Ad meam puellam/; aus Imagines: Limes, Cerasa.

25 Horae (1954), S. XVIII; Laudes /1959), S.25.

26 Buchsbaumflöte (1971), S. 27.

27 *StZ*, 7. Januar 1961 steht »Pygmalion. Actus II«, eine Parodie
aufs Eheleben (11 Strophen mit Übersetzung).

28 S. 10f.

29 Heinrich Krefeld, Heinrich Watenpfuhl, Archipoeta, Heidel-
berg 1958.

30 Deutsch »Herbst auf der Reichenau. Aus dem Lateinischen«
in: Die Buchsbaumflöte (1971), S. 37.

31 V. 64ff.

32 *StZ*, 26. Februar 1955, S. 17.

33 Harry C. Schnur verwendet später die antik belegte Namensform »Apella«.

34 Schnur (1907-1979), latinisiert Gaius Arrius Nurus (lat.
Schnur, Schwiegertochter«).

35 In: Lob des Latein, Sonderdruck der Stiftung Humanismus Heute, o.J.

36 Lateinisch dichten, in: Interview mit Cicero (1956), S. 112.

37 Interview mit Cicero (1956), S. 47.

38 Interview mit Cicero (1956), S. 102 – 104.

39 Im Psalterium Profanum, Einleitung, S.6f.

40 Laudes, S. 10.

41 *StZ*, DBzW, 22. Dezember 1962.

42 In »Lateinische Nächte« (1966) ein Nachtrag: Professor Lenk hatte Eberle an den Markgröninger Freund Hölderlins Rudolf Friedrich Heinrich Magenau erinnert, der als Pfarrer zu Niederstotzingen in Ludwigsburg am 20. Dezember 1799 zum Kaiserlichen Poeten gekrönt wurde, zum letzten im Ländle vor Eberle (vgl. *StZ* v. 4.1.1964 und 22.1.1964).

43 *StZ*, DBzW, 4. Januar 1964.

44 Imagines (1955), S. XXIV.

45 Buchsbaumflöte (1971), S. 23.

46 *StZ*, 19. September 1964, S. XVI; in der FAZ vom 7. November 1964 schließt sich Heimito von Doderer dem Lob an.

47 Horaz, sat.2,4,74 neben »piper album«, ein Titel, den Eberle für eine spätere Sammlung vorgesehen hatte; im übertragenen Sinn »sal niger« aber epist.2,2,60, wo scharfe Satiren des Dion von Borysthenes mit schwarzem Salz gleichgesetzt werden.

48 Atrium-Verlag, Köln und Wien, vorher Privatdruck der Oltener Lesegesellschaft 1948.

49 S. 163.

50 Feuilleton der *Neuen Zürcher Zeitung*, in: Lateinische Nächte (1966).

51 *StZ*, DBzW, 9. September 1967.

52 Die Wandzeitung. Ein- und Ausfälle des alten Wang, 1981, S. 151.

53 Gedruckt im Privatdruck: Pontresiner Epigramme, Stuttgart, DVA 1976, S.12 . Dort weicht die letzte Zeile der Übersetzung zu Anfang ab: »Siehe, wir werden gezeugt ...« . Die Fassung oben: Nachlaß Marbach.

54 Lateinische Nächte, S. 106-112.

55 In: Max Rychner, Bedachte und bezeugte Welt. Max Rychner zum 65. Geburtstag. Agora 16, Hamburg 1962, S. 6., erste der »Laudationes«.

56 Laudes, Lateinische Praefatio, S.10.

BETTINA BARONESSE V. FREYTAG GEN. LÖRINGHOFF
Eifrig als Sammler und reich, ein Freund der Künste und Künstler –
Josef Eberle und seine Antiken

1991 waren die Antiken aus der Sammlung von Josef Eberle, die testamen-
tarisch an das Archäologische Institut der Eberhard-Karls-Universität Tübin-
gen übergegangen waren, in Auswahl in der Kreissparkasse Rottenburg zu
sehen. Ihre Ausstellung war in einem Seminar gemeinsam mit J. Heiligmann,
damals Institut für Ur- und Frühgeschichte, Tübingen, erarbeitet worden. Den
numismatischen Teil hatte D. Mannsperger übernommen, die Beurteilung der
ägyptischen Objekte C. Zibelius-Chen und W. Guglielmi. Wo fehlend, sorgte
M. Balzert für kongeniale Übersetzung der lateinischen Verse. Für die Foto-
grafien zeichneten R. Harling und D. Suchowski verantwortlich. Der vorlie-
gende Beitrag greift weitgehend auf die damaligen Ergebnisse zurück.

1 Institut für Klassische Archäologie, Eberhard-Karls-Universität
  Tübingen, Inv. 89.8559. Länge 3,8 cm. Soweit nicht anders
  erwähnt, befinden sich die genannten Antiken in den Sammlungen dieses Institutes.

2 In Klammern gesetzt sind die Zeilen der »Horae« (1954), die
  für die »Laudes« (1959) überarbeitet wurden.

3 »Horae« X-XI mit Ergänzungen aus »Laudes«, S. 18f.; Übersetzung M. Balzert nach »Laudes«.

4 Aller Tage Morgen (1974), S. 29-31.

5 Inv. 89.8599.

6 *StZ*, 31. Dezember 1971, S. 3.

7 Inv. 89.8598.

8 Vgl. Anthologia Graeca IX 221.

9 »Amores«, S. 61; Übersetzung M. Balzert.

10 Inv. 89.8597. Almandin.

11 Interview mit Cicero. Gestalten und Profile (1956) S. 9-19.

12 Ebd. 10.

13 Inv. 89.8528 (Höhe 7,5 cm) und 89.8529 (Höhe 5,0 cm).

14 Inv. 89.8506. Höhe 31 cm.

15 Inv. 89.8502. Höhe 42,5 cm. Aus Sammlung Vogell.

16 Inv. 89.8553.

17 Interview mit Cicero. Gestalten und Profile (1956) S. 20-43.

18 Ebd. 43.

19 Inv. 89.8505 (Höhe 23 cm).

20 Interview mit Cicero. Gestalten und Profile (1956) S. 13.

21 Inv. 89.8600.

22 Siehe auch »Sapientia Septem Stultorum«, abgedruckt am
   Ende des Beitrages.

23 Kopie des Fauns aus der sog. Villa des Fauns in Pompei.

24 Laudes (1959) S. 25, gewidmet W. Sontheimer. Übersetzung in: Die Buchsbaumflöte (1971) S. 27. Text s. Beitrag M. Balzert.

25 *Faunus in nivibus saltans*, gewidmet H. Weller; Übersetzung M. Balzert nach »Laudes«, S. 23f.

26 Inv. 89.8509. Höhe 17,5 cm.

27 M. Bieber, The Sculpture of the Hellenistic Age, ²1961, Abb. 564.

28 Inv. 89.8558. Höhe 23,5 cm. Unpubliziert, möglicherweise identisch mit der Gnathia-Kanne Basel, Slg. Cahn: T.B.L. Webster, Monuments Illustrating Old and Middle Comedy, (³1978) 164 TV 8c.

29 »Laudes«, S. 20ff.; Übersetzung M. Balzert.

30 Inv. 89.8516 (Höhe 12,7 cm) und 89.8523 (Höhe 9,4 cm).

31 Inv. 89.8542. Höhe 10,8 cm.

32 Inv. 89.8517. Höhe 10,8 cm.

33 Inv. 89.8588. Durchmesser 13,9 cm.

34 Inv. 89.8510 und 89.8511. Zwei Marmorköpfe, der Merkur-kopf neuzeitlich.

35 Inv. KB 32. Höhe 30,4 cm; *StZ*, 20. Mai 1972.

36 *StZ*, 24. Juli 1971.

37 Inv. 89.8504. Höhe 43,5 cm. Erworben im Kunsthandel spätestens Herbst 1961.

38 Beilage zur *StZ*, 24. Juli 1971.

39 Ebd.

40 Ebd.

41 Inv. 89. 8592. Höhe 4,4 cm.

42 Inv. 89.8591. Höhe 25,0 cm. Ehem. Sammlung Duke of Sutherland.

43 *StZ*, 8. Februar 1964.

44 Inv. 98.8567. Höhe 19,6 cm. B. v. Freytag Löringhoff, Aphrodite Eualakatos, in: Tranquillitas, Mélanges en l'honneur de TranTamTinh (1994) S. 191-198. – Catull beschreibt in seinen Carmina (64, 311-319) bis ins Detail, wie die drei Par-zen, die Geburts- und Schicksalsgöttinnen, ihre Fäden spinnen. Derartige kleine Handkunkeln wurden häufig in Gräbern (auch Männergräbern) gefunden. Es schwingt also der Gedanke mit, daß es auch diese Göttinnen sind, die den Lebensfaden zerschneiden.

45 Theokrit 28 passim.

46 Inv. 89.8595. Breite 1,4 cm.

47 Martial, Epigramme XI 20.

48 Lateinische Nächte (1966) S. 42-50.

49 Inv. 89.8503. Höhe 0,24 cm.

50 Zuletzt U. Schädler, Antike Welt 23,3, 1992, S. 211f. Abb. 17.

51 Naturalis Historia 34, 84.

52 Herondas, Mimiamben IV 30-34.

53 Inv. 89.8527. Höhe 4,9 cm. Bronze. Frühe Kaiserzeit.

54 Inv. 89.8518. Höhe 3,9 cm. Bronze. Römisch.

55 Inv. 89.8537. Höhe 8,9 cm. Bronze. Römisch, 2. Jh. n. Chr.
   Erworben 1966. Vgl. u.a. Anthologia Graeca IX, 15 oder XVI,
   211: ».Schläfst du, der du den Menschen die schlaflosen Sorgen
   bereitest? Schläfst du, Kyprias (= Aphrodite) Sohn, Kind einer
   grausamen Frau? Schwingst du wirklich nicht mehr die brennende Fackel? Dein krummer Bogen, verschickt er nicht mehr
   jählings den sicheren Pfeil? Mögen dir andere trauen! Ich
   fürchte, dir kommt noch im Schlafe, wilder Geselle, ein Traum,
   wie du ein Leides mir tust.« (Übersetzung H. Beckby).

56 Inv. 89.8547. Vgl. Martial, Epigramme X 30, beim Lob eines
   Landhauses bei Formiae: »Nicht muß die Angelschnur nach
   Beute weit suchen: vom Schlafgemach wirft man sie, ja vom
   Bett aus, und sieht von oben, wie im Meer der Fisch anbeißt.«
   Eros als (Menschen-)Fischer war ein auch auf geschnittenen
   Steinen beliebtes Motiv.

57 Inv. 89.8550. Höhe 7,4 cm. Bronze. Erworben 1967.

58 StZ, 8. Februar 1964.

59 Vergils schönster Vers. Für Walter Sontheimer. In: Interview
   mit Cicero (1956) S. 44-48.

60 S. Blau, D. Sturm, Die Arche Noah (1989).

61 Inv. 89.8539, 89.8541, 89.8566 (jeweils in Bronze) und
   89.8572, Höhe 3,9 cm, in Silber.

62 Widderkopf: Inv. 89.8563. Länge 4,0 cm. Bronze. –
   Stierschädel (Bukranion) mit Opferbinde: Höhe 7,3 cm. Bronze.

63 StZ, 8. Februar 1964.

64 Inv. 89.8552. Länge 12,0 cm. Bronze. Frühe römische
   Kaiserzeit.

65 Inv. 89.8536. Länge 16,7 cm. Terrakotta. Drittes Jahrhundert v. Chr.

66 Inv. 89.8521 (Länge 4,1 cm, griechisch, viertes Jahrhundert
   v. Chr.) und 89.8543 (Länge 6,5 cm, etruskisch, sechstes
   Jahrhundert v. Chr.).

67 Inv. 89.8535. Länge 10,5 cm. Bronze.

68 StZ, 14.6.1969; wieder abgedruckt in : Iosephus Apellus P.L./
   Josef Eberle, Echo perennis – Nie verstummendes Echo,
   DVA 1970.

69 In: Caesars Glatze (1977).

WERKVERZEICHNIS

Soweit kein Pseudonym angegeben ist, veröffentlicht unter Josef Eberle (J.E.). Dieses Werkverzeichnis stellt einen Überblick dar, es konnten beispielsweise nicht alle Beiträge in Sammelwerken aufgenommen werden.

I.A. = Iosephus Apellus
S.B. = Sebastian Blau
P.S. = Peter Squen(t)z
T. = Tyll

1928 T.: Mild und bekömmlich. Verse von Tyll. 48 S. Stuttgart: Verlag Die Blende.

1933 S.B.: Kugelfuhr. Gedichte in schwäbischer Mundart. 62 S. Stuttgart: Silberburg-Verlag.

1934 S.B.: Feierobed. Gedichte in schwäbischer Mundart. 87 S. Stuttgart: Silberburg-Verlag.

1935 Gold am Pazifik. Eine Erzählung aus Kaliforniens großen Tagen. 214 S. Stuttgart: Silberburg-Verlag.

1936 S.B.: Schwäbisch. Mit Abb. von Alfred Hugendubel, Helmut Muehle, Reinhold Nägele, Alfred Reder und Willy Widmann. 219 S. München: Piper (= Was nicht im Wörterbuch steht 6).

1941 S.B.: Niedernauer Idylle. 4 Bl. Privatdruck.

1942 S.B.: s Wegge'taler Kripple. Seinen Freunden zu Weihnachten. 8 Bl. Privatdruck.

1943 Rottenburger Bilderbogen. Gedichte. Mit Aufnahmen von Adolf Lazi. Hg. von der Stadt Rottenburg. 46 S. Tübingen: Tübinger Chronik.

1946 Die schwäbischen Gedichte des Sebastian Blau. Ausgewählt (Innentitel: Gesammelt), befürwortet und herausgegeben von Josef Eberle. 147 S. Stuttgart: DVA.
S.B.: Rottenburger Hauspostille oder anmutiger Blick durch des Verfassers Brille auf die löbliche schwäbische Neckarstadt, die ein Alter von mehr als zweitausend Jahren hat, die merkwürdigen Schicksale, die sie erlitten, und ihrer Bewohner Wesen und Sitten. Getreulich beschrieben, wahr und genau durch ihren Bürger Sebastian Blau. 369 S. Tübingen, Stuttgart: Wunderlich.
S.B. u. G[ottlieb] Ruth: Wir reisen. Eine Fahrt durchs Schwabenländle. 12 Bl. mit Abb. Stuttgart: Solitude-Verlag.
Das goldene Tor. Eine Erzählung aus Kaliforniens großen Tagen. 191 S. mit Abb. von Willy Widmann. Stuttgart: Gundert (Neuauflage von 1935: Gold am Pazifik).

S.B.: Schwäbisch. Mit Abb. von Alfred Hugendubel, Helmut Muehle, Reinhold Nägele, Alfred Reder und Willy Widmann. 219 S. München: Piper (Neuauflage von 1936).

1947 Voltaires »Jungfrau«. Einleitung zu einer Verdeutung des Gedichts. 37 S. Stuttgart.

1948 Schwaben und Schwabentum. Ein Vortrag von Sebastian Blau. 15 S. mit Abb. von H[elmut]. Muehle. Stuttgart: Stuttgarter Zeitung.

S.B.: 's Weihnachtskripple. Mit Abb. 8 Bl. Stuttgart: Solitude-Verlag (Auszug aus 1946: Die schwäbischen Gedichte).

1949 Die Reise nach Amerika. Eindrücke, Beobachtungen, Erlebnisse. Mit Abb. von Willy Widmann. 119 S. Stuttgart: Verlag der Turmhaus-Druckerei (= Kleine Turmhausbücher 1).

1950 (Einleitung:) Mit spitzer Feder. Karikaturen aus der »Stuttgarter Zeitung« von Fritz Meinhard. 136 S. Stuttgart: Turmhaus-Druckerei.

1951 S.B.: Ob denn die Schwaben nicht auch Leut wären..? (Neuausgabe von 1936: Schwäbisch). 197 S. Tübingen, Stuttgart: Wunderlich.

1952 Johann Friedrich Cotta. Mit einer Abb. 15 S. Marbach am Neckar: Schillermuseum.

1953 S.B. (Hg.): Fröhliche Himmelfahrt oder die höchst merkwürdigen Grablieder des Ritters Michael von Jung weiland Pfarrer zu Kirchdorf in Schwaben. In Auswahl neu herausgegeben von S. B. 85 S. Tübingen: Wunderlich.

S.B.: 's Weihnachts-Kripple. Mit Zeichnungen von Asta Ruth. 10 Bl. Stuttgart: Solitude-Verlag.

P.S. (Hg.), Fritz Meinhard: Schwarz auf Weiß. Karikaturen aus der Stuttgarter Zeitung. 130 S. Stuttgart: Turmhaus-Druckerei.

1954 Horae. Rhythmi Latini. 32 S. Stuttgart: Turmhaus-Druckerei.

Limes. Carmen didacticum. 7 S. Stuttgart: Privatdruck.

1955 Maecenas der Etrusker. 20 S. Stuttgart: Turmhaus-Druckerei.

Imagines. Carmina Latina. 33 S. Stuttgart: Turmhaus-Druckerei.

S.B. (Mitherausgeber, Nachwort) Dr. Owglass (d.i. Hans Erich Blaich): Des Leib- und Seelenarztes Dr. Owglass Rezeptbuch. Gereimtes und Erzähltes. Hg. von S. B. und Erich Schairer. 382 S. München: Nymphenburger Verlagshaus.

1956 Interview mit Cicero. Gestalten und Profile. 158 S. Stuttgart: DVA.

(Mitherausgeber, Text des Lebensgangs:) Uhland. Bilder aus seinem Leben. Auswahl und Auswahl der Bilderfolge, sowie

Text der Erläuterungen: P. Harden-Rauch. 63 S. Stuttgart:
Schreiber.

August Lämmle zum 80. Geburtstag. Eine Würdigung. Rede
gehalten am 1. Dezember 1956 im Roten Saal des Stuttgarter
Ratskellers. 8 S. Stuttgart: Privatdruck.

S.B. (Nachwort), Sebastian Sailer: Die Schöpfung des ersten
Menschen, der Sündenfall und dessen Strafe. In drei Auf-
zügen. 84 S. Marbach am Neckar: Schiller-Nationalmuseum.

1957 Von des ehrbarn Schäffer Pahrs Phyllis und Philander Täch-
tel-Mächtel ... 42 S. Stuttgart: Privatdruck.

1959 Laudes. Carmina Latina. 75 S. Tübingen: Wunderlich.

Der Archipoeta. Ein Klassiker des Mittellateins. Vortrag. 16 S.
Stuttgart.

(Übersetzung, Einleitung, Anmerkungen) Publius Ovidius
Naso: Heilmittel gegen die Liebe (Remedia amoris),
Gesichtspflege (De medicamine faciei). Deutsch und latei-
nisch. 63 S. Zürich, Stuttgart: Artemis (= Lebendige Antike).

Stunden mit Ovid. 86 S. Zürich, Stuttgart: Artemis.

1961 Caesars Glatze. Eine nicht gehaltene Rede über die Eitelkeit.
12 S. Stuttgart: Privatdruck.

Hilarion. Geschichte eines Anachoreten. 23 S. Stuttgart:
Staatliche Akademie der bildenden Künste.

Amores. Nova carmina. 70 S. Zürich, Stuttgart: Artemis.

(Hg.) Viva camena. Latina huius altatis carmina collecta et
edita ab Isophus Eberle. Cum commentario Iosephi et Linae
Ijsewijn-Jacobs. 229 S. Zürich, Stuttgart: Artemis.

1962 (Hg., Übersetzung) Psalterium profanum. Weltliche Gedichte
des lateinischen Mittelalters. Lateinisch und deutsch. Mit
12 Holzstichen von A. Brylka. 589 S. Zürich: Manesse Verlag.

(Hg., Beitrag zu Uhland:) Der Dichter Ludwig Uhland.
Faksimile von Gedichten. Stuttgart: Turmhaus-Druckerei.

Ad memoriam coronationis poetae a.d. X Kal. Jul. anni
MCMLXII (22. Juni 1962). Sodalibus Seminarii philologo-
rum Tubengensis dedicatum (Festgedicht). 1 Doppelblatt.

S.B. (Mitverfasser): Neue Stuttgarter Skizzen. Von Kennern,
Liebhabern, Kritikern. 76 S. mit Abb. von F. Busse. Stuttgart-
Bad Cannstatt: Cantz.

Vorsicht, beißt! Ein Buch Epigramme. Lateinisch und
deutsch. (Nebentitel: Iosephus Eberle: Cave canem). 67 S.
Zürich: Artemis (= Lebendige Antike).

1963 Ludwig Uhland. Festvortrag zu seinem 100. Todestag bei
der Immatrikulationsfeier der Universität Tübingen. 25 S.
Tübingen: Mohr (= Tübinger Universitätsreden 15).

(Vorwort) J. Picard: Die alte Lehre. Geschichten und Anekdoten. 243 S. Stuttgart: DVA.

1964 Iosephi Eberle Testamentum. Lateinisch und deutsch. 34 Bl. Stuttgart: Privatdruck.

Sal Niger. Centum Epigrammata cum versione Germanica / Schwarzes Salz. Hundert Epigramme. Lateinisch und deutsch. 117 S. Stuttgart: DVA.

Zehn ausgewählte Epigramme. 21 Bl. Stuttgart-Weilimdorf: Ernst-Engel-Presse.

1965 P.S.: Schwefelblüten. Zeit- und Zeitungsverse.

Voltaires Pucelle. Die Geschichte eines Gedichtes. Festvortrag. 47 S. Louvain 1755 - Stuttgart 1965: Cantz (= Jahresgabe für Mitglieder der Gesellschaft der Bibliophilen 1966)

1966 Lateinische Nächte. Essays zur Antike. 301 S. Stuttgart: DVA.

(Übersetzung) Archipoeta. Die Gedichte. Lateinisch und deutsch. 110 S. Frankfurt am Main: Insel Verlag (= Inselbücherei 887)

1967 Angulus Priapi. Epigrammata. Stuttgart: Privatdruck.

1968 (Vorw.) P. Swiridoff: Hie gut Württemberg allewege. 144 S. Pfullingen: Günter Neske (= Swiridoff Bildbände 19).

P.S.: Phyllis und Philander. Das ist: Gereymter Venus-Spihgel im baroquischen Geschmakk von einem ohngenannten / aber nicht ohnbekannten Auctore herauß geben und mit so gelährten als nuzzbaren Anmerkungen versehen durch Herrn Peter Squentz. 97 S. Stuttgart: DVA.

I.A.: Ars fumatoria. Carmen didacticum. / J.E. Die Kunst des Pfeifenrauchens. Ein Lehrgedicht. Lateinisch und deutsch. 12 Bl. Stuttgart: Staatl. Akademie der Bildenden Künste.

1970 I.A.: Iosephi Apelli Ars bene dicendi brevis huius more diei. / J.E.: Über die Kunst, nach der Tagesmode zu schreiben. Lateinisch und deutsch. 6 Bl. Stuttgart: Turmhaus-Druckerei.

(Hg.:) Im Trüben gefischt. Karikaturen der Stuttgarter Zeitung aus zwei Jahrzehnten (Zeichner: Fritz Meinhard). 165 S. Stuttgart: Turmhaus-Druckerei.

I.A.: Echo perennis. / J.E.: Nie verstummendes Echo. Elegien, Satiren, Lehrgedichte. Lateinisch und deutsch. 112 S. Stuttgart: DVA.

1971 Die Buchsbaumflöte. Lyrische Notizen. 47 S. Stuttgart: Privatdruck.

Hier irrt Goethe. Sprüche und Gegensprüche. 32 S. Stuttgart: Privatdruck.

1972 I. A.: Dicta Timonis. Epigrammata. / J. E.: Also sprach Timon. Epigramme. Stuttgart: Privatdruck.

1973 S.B.: Schwäbischer Herbst. Neue Gedichte. 92 S. Stuttgart: DVA.
Hier irrt Goethe von A - Z. Sprüche und Gegensprüche. Mit Abb. von Luise Duttenhofer und Vignetten von Fritz Meinhard. 124 S. Stuttgart: DVA.

1974 Schlag nach bei Goethe. Sprüche und Gegensprüche. 32 S. [Stuttgart:] Fachhochschule für Druck.
Aller Tage Morgen. Jugenderinnerungen. 157 S. Stuttgart: DVA.

1975 S.B.: Die trauten Laute. Schwäbische Gedichte. 108 S. Stuttgart: DVA.
S.B.: Alois und Paula. Eine schwäbische Liebesgeschichte in Briefen, mit Vorspruch, angehängter Predigt und Postscriptum. Mit Abb. 32 S. Stuttgart: DVA.

1976 I.A.: Iosephi Apelli Epigrammata Pontresinensia / J.E.: Pontresiner Epigramme. Lateinisch und deutsch. Festgabe zum 75. Geburtstag. 15 S. Stuttgart: DVA.
Rottenburger Hauspostille (Neuauflage der Ausgabe von 1946). Mit Veduten von Josef Eduard Wagenblast. 384 S. Stuttgart: Hans Stoeger Verlag.
(Vorw.) Walter Scheffler (Hg.): Dichterportraits in Photographien des 19. Jahrhunderts. 96 S. Marbach am Neckar: Deutsches Literaturarchiv (= Marbacher Schriften 11).

1977 Zeitgenosse Goethe. Sprüche und Widersprüche. 93 S. Stuttgart: DVA.
Caesars Glatze und andere Berichte und Betrachtungen aus 30 Jahren. 212 S. Stuttgart: DVA.

1978 S.B.: Dr Has em Pfeffer. Schwäbisches in Versen. 120 S. Stuttgart: DVA.
S.B. (Nachwort), Peter Strick (= Paul Schmid): Starker Tubak. Lyrische Schwabenstreiche. Unveränderter Nachdruck der Erstausgabe von 1936. 145 S. Kirchheim/Teck: Jürgen Schweier Verlag.

1979 Mandarinentänze. Chinoiserien. 117 S. Stuttgart: DVA.

1981 Sebastian Blau's Schwobespiagel. Altes und Neues. Hg. von J.E. 287 S. Stuttgart: DVA.
Die Wandzeitung. Ein- und Ausfälle des alten Wang. 175 S. Tübingen: Wunderlich.
Rottenburger Bilderbogen (Nachdruck der Ausgabe von 1943). 46 S. Rottenburg: Verlag Alfons Unteregger.

1985 S.B.: Auf der Schiffschaukel. Satiren und Epigramme. 109 S. München: Schneekluth.

1988 S.B.: Wir reisen. Eine Fahrt durchs Schwabenländle.
      Bilderbuch mit Illustrationen von Karlheinz Groß (siehe
      1946). 13 Bl. Stuttgart, Wien: Edition Erdmann.
      S.B.: s Wegge'taler Kripple. Eine Weihnachtsgeschichte, illu-
      striert von Annegert Fuchshuber (siehe 1942). 13 Bl. Stutt-
      gart, Wien: Edition Erdmann.
1989 S.B.: Die Arche Noah. Die Geschichte der Sintflut, illustriert
      von Dorle Sturm. Mit Abb. 14 Bl. Stuttgart, Wien: Edition
      Erdmann.
1995 Georg Rudolf Weckherlin. In: Große Stuttgarter,
      hg. v. Erwin Teufel, S. 23-31. Stuttgart: DVA.
2000 S.B.: s Wegge'taler Kripple. Mit Fotos von Gerhard Hepper.
      46 S. Tübingen: Silberburg-Verlag.

ZEITTAFEL

1901 *8. September* Josef Eberle kommt in Rottenburg am Neckar zur Welt. Der Vater war zwei Monate zuvor gestorben.

1907 Besuch der Volksschule und anschließend des Progymnasiums.

1917 *1. September* Beginn der Buchhändlerlehre bei Heckenhauer in Tübingen.

1917 *26. Oktober* Tod der Mutter.

1920 *15. August* Nach Abschluß der Lehre tätig als Buchhändler in Berlin, später in Stuttgart, Karlsruhe, Baden-Baden und Leipzig.

1926 *2. Mai* Mit der »Ode an die Dummheit« erscheint das erste Gedicht Eberles unter dem Pseudonym Tyll in der »Sonntags-Zeitung«, für die er auch Glossen und Rezensionen schreibt.

1927 *16. Februar* Lektor und später Leiter der Vortragsabteilung beim Süddeutschen Rundfunk in Stuttgart.

1928 Der Gedichtband Tyll, »Mild und bekömmlich« mit satirischen Versen aus der »Sonntags-Zeitung« erscheint. Der Band wird später von der Gestapo verboten und beschlagnahmt.

1929 *3. September* Heirat mit Else Lemberger aus Rexingen in Stuttgart.

1931 Veröffentlichung von Mundartgedichten in Zeitschriften und durch Vortrag im Rundfunk.

1933 *8. März* Nach der Besetzung des Stuttgarter Funkhauses durch die Nationalsozialisten darf Eberle das Haus nicht mehr betreten. Er wird als Gegner des Nationalsozialismus, der zudem mit einer Jüdin verheiratet ist, zum 30. Juni entlassen.

1933 *13. Mai–29. Juni* Inhaftierung im Konzentrationslager Heuberg auf der Schwäbischen Alb. Anschließend lebt Eberle als freier Schriftsteller bei den Schwiegereltern in Rexingen.

1933 Eberle muß unter Pseudonym veröffentlichen: Sebastian Blau. Unter dem Titel »Kugelfuhr« erscheint der erste schwäbische Gedichtband.

1934 »Feierobed«, der zweite Band mit schwäbischen Gedichten kommt heraus.

1936 *25. März* Der den Nationalsozialisten nicht genehme Autor wird aus der Reichsschrifttumskammer ausgeschlossen, das bedeutet Schreib- und Berufsverbot. »Schwäbisch« von Sebastian Blau kann noch erscheinen.

1936 *1. Mai* Eberle beginnt seine Tätigkeit als Angestellter beim amerikanischen Konsulat in Stuttgart.

1939 *14. März* Else Eberles jüdische Eltern verkaufen ihr Haus in Rexingen und emigrieren zu ihren Töchtern in die USA.

1941 *30. Juli* Das amerikanische Konsulat muß schließen, Eberle wird arbeitslos. In der Folgezeit verfaßt er heimatkundliche, infolge des Schreibverbots anonym veröffentlichte Beiträge für die »Tübinger Chronik«.

1942 *April* Als Korrespondent und Bibliothekar bei der Württ. Feuerversicherung in Stuttgart.

1942 *8. Oktober* Der Verlagsvertrag über die »Rottenburger Hauspostille« wird geschlossen; sie kann allerdings erst nach Kriegsende erscheinen.

1943 Mit Widmung an ihre Soldaten gibt seine Heimatstadt den »Rottenburger Bilderbogen« mit Gedichten von Eberle heraus.

1945 *27. Januar* Else Eberle wird von der Gestapo zu einem »auswärtigen Arbeitseinsatz« aufgefordert. Dies hätte Deportation ins KZ bedeutet. Die Eberles tauchen unter und erleben das Kriegsende in Verstecken.

1945 *21. April* Einmarsch von französischen Truppen in Stuttgart.

1945 *3. Juni* »Radio Stuttgart«, ein Sender der Militärregierung, beginnt seine Sendungen. Eberle ist als Programmberater und Übersetzer tätig. Er initiiert u.a. die erste schwäbische Heimatsendung.

1945 *17. September* Eberle wird von der U.S.-Militärregierung als Lizenzträger und Mitherausgeber der »Stuttgarter Zeitung« eingesetzt.

1945 *12. Oktober* Erste Sitzung des Stuttgarter Gemeindebeirats (amtiert bis Mai 1946), zu dessen Mitgliedern auch Josef Eberle zählt.

1946 Eberle, der während des Krieges vor allem für die Schublade gearbeitet hat, kann endlich seine Werke erscheinen lassen: u.a. »Die schwäbischen Gedichte des Sebastian Blau« und die »Rottenburger Hauspostille«. In der Folgezeit veröffentlicht Eberle (hochdeutsche) Gedichte und Prosatexte in der »Stuttgarter Zeitung« unter dem Pseudonym Peter Squenz.

1952 Der Verlag der »Stuttgarter Zeitung« (Josef Eberle und Erich Schairer) erwirbt das Archiv des Cotta-Verlags, das als Leihgabe im Schiller-Nationalmuseum in Marbach deponiert wird.

1954 Veröffentlichung der ersten Gedichte in Latein: »Horae«. Lateinische Verse publiziert Eberle später unter dem Pseudonym Iosephus Apellus.

1955 *10. November* Die Universität Tübingen (Philosophische Fakultät) verleiht Eberle die Ehrendoktorwürde.

1961 *8. September* 60. Geburtstag, die Landesregierung verleiht Eberle den Titel eines Professors; er wird zum Ehrensenator der Universität Tübingen und zum Ehrenbürger der Stadt Rottenburg am Neckar ernannt.

1961 *9. November* Eberle unterzeichnet den Vertrag, mit dem der Verlag der »Stuttgarter Zeitung« das Cotta-Archiv der Deutschen Schillergesellschaft als Stiftung überläßt.

1962 *22. Juni* Das Philologische Seminar der Universität Tübingen krönt Eberle zum »Poeta Laureatus«.

1971 *31. Dezember* Beendigung der Tätigkeit als Herausgeber der »Stuttgarter Zeitung«. In den Jahren seines Ruhestands lebt der Dichter abwechselnd in Stuttgart und in seinem Haus in Pontresina (Graubünden).

1973 Nach 27 Jahren kehrt Sebastian Blau zurück: Neue Mundartgedichte von Eberle erscheinen unter dem Titel »Schwäbischer Herbst«. Bis 1981 folgen vier weitere Bände.

1974 Die Kindheits- und Jugenderinnerungen »Aller Tage Morgen« erscheinen.

1976 *15. Oktober* Umtaufe der »Mittleren Brücke« in Rottenburg in »Josef-Eberle-Brücke«.

1981 Zum 80. Geburtstag erscheint »Sebastian Blau's Schwobespiagel« mit alten und neuen Gedichten. Unter dem Pseudonym alter Wang veröffentlicht er Ein- und Ausfälle in der »Wandzeitung«.

1986 *8. September* Aus Anlaß seines 85. Geburtstags wird im Rottenburger Kulturzentrum Zehntscheuer eine Ausstellung des Stadtarchivs eröffnet.

1986 *20. September* Josef Eberle stirbt in Samedan (Graubünden). Er wird auf dem Rottenburger Sülchen-Friedhof beigesetzt, in einem Ehrengrab seiner Heimatstadt.

1989 *30. September* Else Eberle stirbt in Stuttgart. Sie wird an der Seite ihres Mannes beigesetzt.

1992 *20. November* Die Stadt Rottenburg am Neckar eröffnet das mit Hilfe eines Legat ihres Ehrenbürgers finanzierte Sumelocenna-Museum: in memoriam Josef Eberle.

DIE AUTOREN

Dr. Monika Balzert, Altphilologin am Hölderlin-Gymnasium Stuttgart.

Dr. Gerhard W. Baur, langjähriger Leiter der Arbeitsstelle Badisches Wörterbuch am Deutschen Seminar der Universität Freiburg im Breisgau.

Oskar Fehrenbach, langjähriger Chefredakteur der *Stuttgarter Zeitung*.

Dr. Bernhard Fischer, Leiter des Cotta-Archivs (Stiftung der *Stuttgarter Zeitung*) im Deutschen Literaturarchiv Marbach am Neckar.

Prof. Dr. Bettina Baronesse v. Freytag gen. Löringhoff, Leitende Kustodin des Museums Schloß Hohentübingen der Universität Tübingen.

Karlheinz Geppert, Leiter des Stadtarchivs und der Städtischen Museen Rottenburg am Neckar.

Else Goelz †, langjährige Redakteurin der *Stuttgarter Zeitung*.

Christa Kroha, freie Mitarbeiterin der *Stuttgarter Zeitung*.

BILDNACHWEIS

Sebastian Blau: Kugelfuhr. Gedichte in schwäbischer Mundart, Stuttgart 1933: 48.

Sebastian Blau: Schwäbisch, München 1936: 54, 99.

Buchhandlung Heckenhauer, Tübingen: 22.

Deutsches Literaturarchiv Marbach, Nachlaß Josef Eberle: 10, 13, 27, 30, 38, 51, 74, 77, 78, 134, 136, 138.

Deutsche Verlags-Anstalt, Stuttgart: 19, 96, 104, 105.

Die Sonntags-Zeitung, Stuttgart: 30f.

Elisabeth Frate, Tübingen: 112.

Manfred Grohe, Kirchentellinsfurt: Schutzumschlag.

Horae. Rhythmi Latini. Privatdruck, Stuttgart 1954: 146f.

Matthias Koch: Kohlraisle. Gedichte von der Balinger Alb, Stuttgart 1913 (1930): 142.

Rottenburger Bilderbogen. Gedichte. Herausgegeben von der Stadt Rottenburg, Tübingen 1943: 65.

Rottenburger Zeitung: 47.

Stadtarchiv Rottenburg am Neckar, Nachlaß Josef Eberle: 2, 15, 21, 25, 45, 57, 84, 86, 87, 88, 100.

Stadtarchiv Rottenburg am Neckar, Bestand D 41: 17, 89, 92, 140.

Stadtarchiv Rottenburg am Neckar, Sammlung Josef Eberle: 57, 61, 67, 83.

Stuttgarter Zeitung, Bildarchiv: 70, 71, 72, 75, 81, 108, 111, 115, 117, 119, 122, 123, 126f., 150f., 158.

Südwestrundfunk (SWR, ehemals SDR), Archiv: 35.

Tyll: Mild und bekömmlich. Verse, Stuttgart 1928: 30.

Universität Tübingen, Institut für klassische Archäologie: 148f., 164, 166, 168, 170, 175, 176, 177, 178, 180f., 182.

JOSEF EBERLE IN DER DVA

Liaber Leaser, gang ond suach,
ob de selbser fendst em Buach.
Reachts ond lenks em Spiagelglas
send verkehrt, sust stemmet d Maß.
Schöner wia dr liabe Gott
aos als Schwobe' gschaffe' hot
— übergscheit bis et ganz bache' —
ka's mei' Spiagel ao et mache'.
Bhilf de drüber weg mit Lache'!

1981

DAS GROSSE JOSEF EBERLE/SEBASTIAN BLAU LESEBUCH
Herausgegeben von
Eckart Frahm, Martin Hohnecker, Rolf Schorp,
Wolfgang Urban und Edel Wetzel
384 Seiten mit Abbildungen und Leseband
Gebunden mit Schutzumschlag

Sebastian Blau
OB DENN DIE SCHWABEN NICHT AUCH LEUT WÄREN..?
9. Auflage
220 Seiten, gebunden

SEBASTIAN BLAU'S SCHWOBESPIAGEL
Altes und Neues
Gedichte
6. Auflage
288 Seiten
Gebunden mit Schutzumschlag

DVA